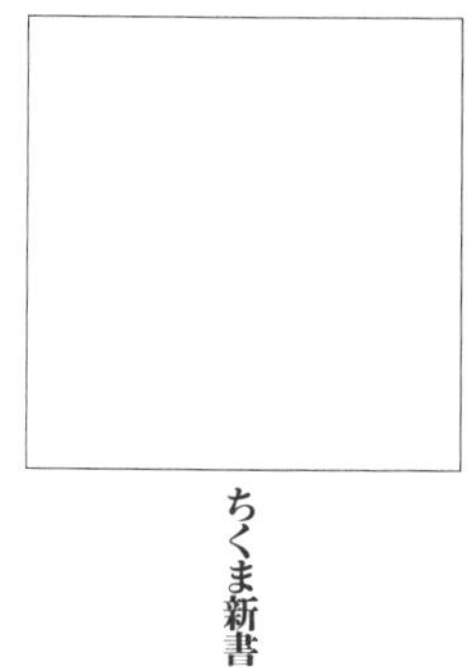

ちくま新書

倫理学原論

——直感的善

ちがい

船木 亨
Funaki Toru

1780

倫理学原論——直感的善悪と学問の憂鬱なすれちがい【目次】

第二章　倫理学の歴史　069

第三章　倫理学の根本問題　105

はじめに

難しい問題が多い。警察を呼んでも、裁判に訴えても、金銭で解決しても、心の持ちようを変えてみても、どうもすっきりしない。そこに残っているのは倫理の問題である――「人としてどうなのか?」。

さらにまた、バブル後の経済にせよ、地球温暖化にせよ、少子高齢化にせよ、新型コロナウイルス対策にせよ、ウクライナやガザの戦争にせよ、LGBTQやAI化にせよ、そういった社会を揺るがす文明的問題をどう捉えるべきか。うまく切り抜ける方法を探すばかりでなく、そこで人の生きる意味を問いなおさなければならないのではないか。

本書は、日常で遭遇するトラブルや現代のさまざまな社会問題のなかに倫理的問題があると感じているひとに向けて、倫理とは何かをあきらかにし、倫理学との関係を解き明かそうとする試みです。その意味では「倫理学入門」というタイトルでもよかったのですが、それでは倫理学史や倫理学説の列挙というイメージを与えてしまうかもしれません。本書は倫理学の入門書というよりも、倫理の学問論に近いのではないかと思います。

倫理学という学問は、自然科学や社会科学とは本質的に異なっています。学問はみな真理をあきらかにしようとするものなのですが、倫理学の与える真理である「善」は、それを聞いたひとすべてに、ただちにそれを実行することを要求します。なるほど宗教にも政治にも経済にも法律にもひとに強制する面がありますが、その背景には神や権力や富や司法といった実効的なものが控えています。それに対し、倫理学はたかだか論証された言葉のみによって、感じ方、振舞い方、生き方をひとに強制しようとするのです。しかも、自分ひとりだけではなく、家族や隣人、組織や社会のすべてのひとを、それに従わせようとするのです。

昨今、ハラスメントやバイアス、毒親や発達障害、正義感や同調圧力といった語がネットを賑（にぎ）わせ、そのような投稿に対してさらに誹謗中傷があって炎上したりしています。すわ倫理学者の出番かと思うのですが、それらは倫理的問題とは意識されていないようです。倫理学者に意見を求めるひともいませんが、倫理学者に聞いてみたら、おそらくは「理性が不足している」とあっさり切り捨てられ、モラルハラスメントまがいの理屈っぽい話が始まりそうです。倫理学とは、何をすることなのでしょうか。

いまは学問にとって多難な時代です。フェイク画像や生成ＡＩの作品が混じった膨大な情報と感情的なおしゃべりの喧騒（けんそう）のなかで、ひとはじっくりと思考するゆとりをなくしてしまっているように見えます。確かな意見を持とうと学問に参照するひとが少なくなり、哲学倫理学の書物が読まれるとすれば、その断片的知識を使っておしゃべりの権威づけをし、周囲にマウンティングをするためでしかないようです。

そのなかには哲学者を自称して「人生とは何か」とか「幸福とは何か」、「ひとはどう生きるべきか」について語る人々もいます。これは倫理学のテーマであり、倫理学も哲学の一部門ですから、それで哲学と称することもできなくはありません。しかし、哲学の主要テーマは存在論や認識論（知識論）にあります。哲学の祖であるソクラテスは「善さそのもの」を探究しましたが、しかしかれも存在や知識について論じつつ、善について語ったのでした。人生について語るだけでは、倫理学にはならないのです。

中世末に哲学が復活して生じたスコラ哲学やルネサンス思想から、哲学には形而上学（第一哲学ないし純粋哲学）のほかに論理学や倫理学や美学といった分野が含まれると考えられるようになりました。その意味で、倫理学は哲学の一部門といえます。倫理学の勉強をしようと思ったら、形而上学や論理学や美学をふまえつつ、ソクラテスの思想（プラトンによる『対話篇』）、およびアリストテレスの『ニコマコス倫理学』に遡って（さかのぼって）から、順次、歴史に現われた倫理学書を繙いて（ひもといて）いくようにと教えられることでしょう。

とはいえ、倫理に関心のあるひとが知りたいことは、そうした学説史的知識ではなさそうです。現代哲学の出発点において、キェルケゴールが、それによってひとが生きることのできる「主体的真理」こそが重要だと述べています。デカルトをはじめとする近代哲学者たちのいう客観的真理よりも、いま眼のまえで起こっている出来事に対してなす自分の判断と行動こそが、倫理学の名のもとに人々の問い質したいことなのではないでしょうか。倫理学は、はたしてそれに答えることができるのでしょうか。

ところが、現代の多くの倫理学者は、倫理学説とその歴史にばかり興味の所在があって、人生における倫理的主題に関心があるわけではないようなのです。

哲学がある種の歴史学（思想史）になったのは、ヘーゲル以降です。ヘーゲルは過去の諸学説の弁証法（対立した思考から高度な思考が産まれてくるという法則）的発展ののちに究極の理想社会が到来すると考えていました。ところが二〇世紀以降、諸学説はたいした発展をすることもなく、いたるところで過去の学説の蒸し返しばかりをするようになってしまいました。ヘーゲルの描き出したエスカレーターのような知識の階段は、キリスト教的ドグマのひとつの変奏に過ぎなかったのかもしれません。

現代の倫理学は、もっぱら思弁的議論の愛好者たちによって営まれているようです。かれらがその議論を通じてみずからの「主体的真理」を見出だし、自分の判断を創り出そうとしているかは疑問です。その他方で、世間の議論好きの人々が、倫理学史や現代の諸学説を知らないままに、人々の生きるべき倫理について、自分の思いついた不十分な説をそれぞれに唱えて水掛け論をしているわけです。なぜか。真の善、究極的な善が存在しないからなのでしょうか、議論してだれもが共通して納得できるような解答が見つからないからなのでしょうか。

こうした状況をふまえ、本書では、まず倫理と呼ばれてきたものがどのようなものであったかを整理して、倫理学という学問が日本でどのように受け容れられてきたかを述べ、そのあとで倫理学という学問のもつ根本問題について考えてみたいと思います。

倫理学の根本問題というのは、学問は一般に真理をあきらかにするものであるから倫理学は真の善を探求する（追い求める）が、対象が善であり、善は実践されなければならないものであるから、人々にその実践を求めることになってしまう、それでは宗教や政治とどう違うのかという問題です。

学問が宗教や政治になってしまってはならないということで、大多数の倫理学者は、真の善そのものではなく、真の善の思想をのみ扱う傾向があります。とはいえ、その思想家の主張する善が何であったかと論証することは、それこそが真の善であると主張することとどう違うのでしょうか。

はからずも政治になってしまう倫理学もあれば、思想史に閉じ籠（こも）ってしまう倫理学もありますが、いずれも「倫理とは何か」を問うという意味での学問的探究は見えにくくなってしまっています。

もうひとつの、さらに根本的な問題としては、「善は目的であるか」ということがあります。概して倫理学は善を目的として提示し、人々にその手段としての行動を実践するように勧めますが、そのなかで、常識的な善悪と対立することがしばしばあります。人生は目的を実現するということばかりのものではありません。人々を目的へと駆りたてることは善いことなのでしょうか。とはいえ、目的がなくても善いのなら、倫理学は何のためにあるのでしょうか。

本書の後半でこうしたことを論じていきたいと思いますが、そうとすると、本書は倫理学否定の書ということになるのでしょうか。わたしとしては、以上のような根本問題について、ひとりの倫理学者として突き詰めて考えてみたいと思うだけです。それによって、逆に、学問としての倫理学が真に目指すべきものも見えてくるかもしれません。そうした探究のなかで、わたしの考えている倫理学的な観点の意義や面白さも見出だしていただければ幸いです。

第一章

倫理とは何か

1 倫理と善

†倫理の本質

倫理とは何のことか。その問いをたてるとき、ひとは高校教科書「倫理」のような、人間の行為や生き方についての思想の歴史について想像を巡らすのであろうか。しかし、「倫理」という教科書には、古今東西の思想が紹介されているだけである。高校生が自分の胸に手を当てて倫理について考える際のヒントにはなるかもしれないが、倫理学ではない。そのようになっているわけは、教師はみずからの考える善悪正邪について語るべきではないという「教育倫理」があるからだろうか。とはいえ、そんな倫理はどこからくるのだろう。

あるいはまた、倫理という概念が人間相互の関係によって形成される秩序を意味するという理由から、善や正義についての問いであるとみなされるかもしれない。それは学問的な「本質への問い（それがそれであって他のものではないことを示すものについての問い）」である。その答えは、しかし倫理一般ないし普遍的な倫理についての答えでしかない。その答えが、それぞれのひとにとっての個々の倫理的問題について、必ずしも具体的な対処法を与えてくれるわけではない。

「倫理」という語は、世間一般で普通に使われる語である。倫理学という学問が存在することもよく知られている。倫理学は、倫理についての学問であると予想できるにしても、多くのひとは、倫理について考えるときに、倫理学書を傍(かたわ)らに置いたりはしない。かつて「脳死を人の死として認めるか否か」という倫理的問題に関する大論議が社会全体を巻き込んで、その結果として臓器移植法が制定されたということがあったが、その場にも倫理学者はいなかった。

だれしも倫理がどのようなものかは見当がつく。倫理学が何をすることなのかも予想はできる。しかし、ほとんどのひとが、倫理と倫理学を結びつけようとはしないように見える。

†倫理の意味

伝統的な倫理学が問う「倫理とは何か」という本質への問いに対し、もう一種類の問い、意味への問いがある。つまり、「倫理」という語を使うときに、ひとは何をいわんとしているかという問いである。その点から考えなおしてみることにしよう。

まずは国語辞典で「倫理」という語をひいてみる。だが、そこにはせいぜい「人として守り行うべき道。善悪正邪の判断において普遍的な規準となるもの。道徳。モラル。」程度のことしか書かれていない。国語辞典が与えるものは、倫理という語に連関する語の列挙に過ぎない。そこに出てきた語をさらに検索すると、倫理という語も含む別の語の列挙が現われる。堂々巡りになってしまうわけだが、そもそも国語辞典とはそのようなものなのである。

国語辞典は、誤った用語法をしないための道具である。ある言葉を使うときにどのような語に言い換えられるかを示しているだけで、その意味をあきらかにしているわけではない。倫理という語の意味を問うためには、もう少し立ち入って考えてみなければならない。

人々は日常的には倫理という語をどのように使用するのであろうか。ここで「日常的に」ということは、互いに知識をひけらかしあうような会話のなかで、ということではない。たとえば学校の授業で質問される場合、ひとは正解や模範解答があると前提して回答する。そのように回答することが条件反射のようになってしまっていて、おとなになってもそうした会話しかできなくなってしまうひとも多いが、それは、「どんな回答が期待されているかを答える」という意味での回答でしかない。そうした回答は、そのひとが権威ある知識や情報を記憶していることを示すためのもので、自分の経験に参照しつつその場で思考して出すような回答ではない。学校教育は、評価システムのせいで、子どもたちからそうした思考をする経験を奪うものなのだが、大学の哲学科で最初に教えるのは、そうした会話姿勢を一掃することなのである。

†「善いこと」と倫理

ともあれ、日常的に倫理という語が使用されるのはどんな場合か。

たとえば、他人から反感を抱かれて窮地に陥るようなことをしてしまった場合、「それは善くない」といわれるだろう。しかし、もし「それは倫理に反する」といわれたとしたら、意味はどう違うのか。さしあたってはどちらの表現も可能である。「倫理に反する」は、ただ堅苦しい言い方に過ぎないようにも感じられる。しかし、善くないことであっても、倫理には反しないことがある。医師が治療の失敗をごまかすための嘘をつくのは倫理に反するが、深刻な病状のひとに対して元気が出るような嘘をつくのは、倫理に反するとはいい難い。

「決して嘘をついてはならない」とだれがいったのだろう。西欧では倫理になり得るが、それは、真実という語の意味がわが国とは異なっているからである。西欧における「真実」とは、神のまえで告解すべき「事実」である。言葉にしたものが事実を記述しているかどうかということになると、嘘は善くないし、常に倫理に反するであろう。しかし、わが国の場合は、真実とは、たとえば伊藤仁斎のいう「真実無偽」のように、心のなかにあるとおりのものを指すことが多い。事実には反しても、自分の気持として正直ならばそれで善い。また、仏教にも「嘘も方便」という表現がある。「火宅の喩え」があるように、結果としてひとが救われることが優先される。事実に反するということは、必ずしも倫理に反するわけではない。

「善くない」という表現の方については、ひとが苦労すること、窮地に陥るであろうこと、さらには「相手が傷つく」とか、「自分が損する」とか、「他人に嫌われる」などといったことを含意しており、「倫理に反する」ということの意味と合致しているとはいえない。「善くない」という言い方は、そのひとのしたことの倫理を問わないでおくことでもある。たとえば障害者の言動を思わず笑ってしまったとき、「善くないよ」といわれるのと、「倫理に反するよ」といわれるのでは、印象は随分と違う。「善くないよ」という表現によって倫理に反していることを咎めないようにすることは、それ自身が言説（おしゃべり）における倫理的な行為であるともいえる。

　倫理の意味は、こうした言いまわしにおける主題や状況の差異から炙り出されてくるのだが、それは国語辞典に書いてあった「道徳」のことであろうか、それならば道徳といえばよい。「モラル」のことであろうか、それならばモラルといえばよい。あえて「倫理」という語が使用されるとしたら、道徳でもモラルでもない意味においてである。それは何か。

2 倫理規定

†精神と倫理

ちなみに、「倫理規定」という熟語がある。これは「道徳規定」や「モラル規定」という表現では馴染（なじ）みにくい。「倫理規定」なるものは、公務員や医師や政治家など、ある職業、ある身分に関して設けられてきたものである。職業倫理に近い。ここでの「倫理」という語には規範の意味が強く、倫理学の対象である「倫理」とは微妙に異なっているようにも思われるが、この含意のある方が、日常的にはよく使われるかもしれない。

古来、倫理は法律（法的規範）と切り離されずに理解されてきた。西暦六〇四年の十七条憲法における「和を以て貴しとなす」から一八六八年の五箇条の御誓文「万機公論に決すべし」まで、その他、律令や式目や諸法度などという名で表現されてきたものは法律の、ようなものであったろう。しかし、それらは現代の法律とは異なって、倫理を含んでいた。つまり、曖昧な目標でしかない精神の訓示と、正規の手続きや罰則ある禁止という意味での掟（おきて）（規範）とが、渾然一体となって表現されていた。

ここでいう「精神」とは、デカルト以降の近代哲学においては意識ないし主観性を指すが、語源は「プネウマ」（ギリシア語）、ひとの心と自然の事物に共通して浸透する微細な物質としての「精」、呪術的魔術的な「霊」のことである。もとは息のことであり、派生して「エスプリ」（仏語）、「スピリット」（英語）、「ガイスト」（独語）。翻訳においては、仏教用語の影響もあって、しばしば「プシュケー」（ギリシア語）をもとにする魂や心と混同されるが、生きているからする呼吸、すなわち息を吸ったり吐いたりして自然の諸事物や他者たちと往還するものを指していた。それがとりわけ神と繫がるものであれば「聖霊」であった。

それに加えて近代、「民族精神」（ヘーゲル）という表現も出現した。精神は、集団、すなわち団体や組織や社会の人々に共通して保持される姿勢や態度や感性のことともされるようになった。集団に所属することによっておのずから身につけられるものであるが、しばしばそれをふまえないひとが現われるために、これを言語化して規範となし、違反したひとを懲罰する規準が「倫理」とされてきたわけである。

†倫理規定と法律

今日でいう倫理規定なるものも、当該職業や身分にかぎって、そのいわば「精神（ガイスト）」を言語化しようとするものにほかならない。単なる取決めや命令としての規範ではなく、慣習ないし伝統の精神を明示することによってその職業や身分における倫理の崩壊を阻止しようとする規範である。

こうした倫理規定として有名なのは、古代ギリシアの「ヒポクラテスの誓い」のような医療従事者が従うべき職業倫理や、江戸時代、近江商人の「三方よし」のような商人が従うべき職業倫理、あるいは石田梅岩の心学や山鹿素行の士道などのような身分倫理があった。十七条憲法の「和を以て貴しとなす」という一条も、――民衆の伝統的倫理であると捉えるひとも多いにせよ――、支配者階級の身分倫理について述べたものだといえなくもない。

今日でも「国家公務員倫理法」という法律が存在し、あるいは「法曹倫理」や「放送倫理」のようにして、身分や職業に応じて倫理規定が設けられている。身近なところでは「家族会議」で取り決められるルールもある種の倫理規定であろうが、それらは、単に法律を遵守するばかりでなく、世間で「倫理に反する」といわれることのないような行為規範として、法律を補うものとして位置づけられている。

そのようなものが必要とされるのは、（1）法律で細かく規定すると煩瑣であるような場合や、（2）漠然としていてグレーゾーンが多い場合や、（3）時に応じて基準が変遷していくような場合や、（4）いちいち摘発するとコストがかかりすぎるような場合であろう。

このような場合において、違法性がきわどいところを目指す行為が頻繁になされるとすれば、その業務を行う団体への不信感が生まれ、それに携わる人々の業務が遂行しにくくなる。だから、自主規制として遵守すべきルールを定めて倫理規定とし、それに反する構成員の利権や資格を停止するという罰則を背景にして、構成員の行為を統制しようとしているわけである。

†倫理規定のポジション

しかし、倫理規定は、下位の法律というばかりではなく、法律とは異なるものとしても捉えられる。たとえば「品位保持義務」という条項を含む法律があるが、その具体的内容は当該個人や業界や世間の倫理観に委ねられている。なぜそれも法律で定めてしまわないのか。しかし、もし品位がどのようなものかが法律として細かく定められていたとしたら、それに従う行為の動機は、もはや「品位保持」ではなく「遵法精神」になってしまう。法律においては、品位保持が何を意味するかは倫理的な主題であって、法律として議論できるようなことではないということが前提されているのである。

ただし、遵法精神もまたひとつの倫理である。ひとは、法律が「法を守るべし」という倫理的行為を命じることは原理的に不可能である。ひとは、法律の罰則の重さや摘発される可能性に応じて、法律に従うかどうかを選ぶことができる。車の来ない赤信号でも信号が変わるのを待っているべきなのか、拾った百円玉を交番に届けるべきなのか、違法コピーされた動画は見てはならないのか……、そもそもそんな選択をしようとすることは善くないと考えるひともいるであろうが、しかしそれもまた倫理的な観点においてそう考えているのである。

それと同様にして、企業や職業団体には「コンプライアンス」が求められている。なお一層の法律遵守という倫理的意思を示さなければならないという義務である。「ポリティカルコレクトネス」となると、法律とは別にそもそも倫理に反することをしないという義務である。このような意味では、倫理は法律の上位にあるともいえる。

それらを取り締まる政治の側でも、法律に反した場合に企業の名まえを公表すると予告したり、感染症対策において罰則規定なしに行為の指針を宣言したりとか、倫理が活用されている。世間が白い目で見るという倫理的現象が、罰則として法律よりも有効な場合があるからである。

このように、倫理規定は、下位の法律でもあれば、法律とは別種のものでもあり、法律の上位でもあるという曖昧なポジションにある。適法であるならば、あるいは犯罪として摘発されさえしなければあとはすべてが自由であると考えるひともいるが、現実の社会はそれほどシンプルではない。そうした信念をもつひと、倫理を考慮に入れないひとは、さまざまなトラブルに見舞われるに違いない。

†法律と倫理

そもそもひとが法律に従うのは遵法精神からだけではない。法律の有無にかかわらず、善いことをしようとする動機がある。

たとえば信号無視をしないということは、法律に従うというばかりではなく、他人に危害を加えないように配慮することでもある。さらには、罰金という経済的なリスクを避けようとする動機からかもしれない。いずれの動機が優位であるかはひとによるが、おなじひとにおいても、いずれかの動機が状況に応じて優位になるであろう。そのいずれにしても、他人に対して、あるいは自分にとって「善いこと」をしようとしているのである。逆に、善いことをしようという動機が特になく、機械的に法律に従うのみの行為であるならば、さらには単に善いとされることを見せびらかそうとする行為であるならば、それは偽善であるといわれるだろう。偽善は、定義からして倫理に反することである。

したがって、法律と倫理は、常に調和的であるとはかぎらない。法律に従って倫理的には悪い行為をなし得る場合もあり、悪い行為をなさざるを得ない場合もある。法律にも緊急避難や正当防衛という規定があるが、それにあたらないもので、迷惑させられたり苦悩させせられたりする法律も多い。倫理的には善いと思うことを自力救済、すなわち法的手続きなしにだれかを処罰したり原状回復したりすることによって罰せられるひとも多い。「悪法も法」とはよくいわれる。たとえば、生きるのに苦しく、未来がさらに辛くなることがあきらかであるのに自殺する能力も失ってしまったひとの自殺を助けることは法律的には犯罪であるが、倫理的には善なのではないかと考えるひとも多い。これには異論もあるかもしれないが、時代に即していない法律が改正されないまま、延々と審議中である事案はあまりに多い。それは、国会議員の政治倫理に反することではないのだろうか。

†倫理規定の本質

われわれは、倫理という語の意味にアプローチするために「倫理規定」という概念を取り上げた。それは特定の職業や身分に関して規定される規範であるが、そこから倫理という語のイメージを汲み取って、社会ないし人類普遍の倫理、ないしは国民という集団の倫理規定について論じようとするひともいるかもしれない。しかし、特定の職業や身分のひとつとして、国民としてなすべきこと、なしてはならないことのリストを制定することなどできるであろうか。否、確かにそれができるのが政治であるが、たとえば教育勅語が大日本帝国臣民の倫理規定として、国民を戦争に駆りたてていったことを忘れるわけにはいかない。「お国のため」という多くの倫理的美談が生まれた一方で、その結末は決して倫理的に善いものではなかった。たくさんの「非国民」を作り出して排除もした。

倫理規定それ自身は、当該集団に属することによって法的に保障される権限に関して、いうなれば職権濫用にならないようにするために意識しておくべきことのリストである。それゆえ、退会勧告ないし永久追放など、法律とは抵触しないかぎりで一定の罰則が設けられる。その意味で、倫理規定は当該集団で権力のある特定の人々によって策定される準法律的なものであって、倫理とは異なっている。

†倫理規定と倫理

では、倫理規定を策定するひとは、何に参照するのであろうか。少なくとも倫理学書ではない。「品位」は倫理的なものであるが、品位を測る基準は時代や文化や社会によって異なる。状況に応じて、正反対の評価もされ得る。評価は、その集団の伝統的精神を保持する基準であれば宗教的なもの、法律に反しないようにする基準であれば法律的、情報への権限や指揮の系統を定める基準であれば政治的なもの、対外的に反感を買って損失が生じないようにする基準であれば経済的なものによる。倫理規定はこれらのバランスをとりながら策定されるであろうが、その策定自体は倫理的行為ではなく、政治的行為である。

　倫理規定は、倫理を前提したうえで、特定の職業や身分のひとがこれをふまえてなすべきこと、してはならないことのリストに過ぎない。それは特定の権限をもつひとに対して具体的な事例を挙げて倫理に反する行為を禁じる掟なのであって、――決して勘違いしてはならないが――、倫理を規定する掟なのではない。倫理規定は、倫理の原型でもなければ典型でもなく、ましてや倫理を明文化したようなものではない。倫理規定を倫理と混同し、規模を拡張して人類の普遍の倫理規定を探究することをもって倫理学としてはならないのである。

3 応用倫理

†法律と倫理の分離

先に倫理は法律と区別されていなかったと述べたが、そこからも分かるように、「法律か倫理か」という問いは決して旧(ふる)いものではない。

法律に、倫理とは区別される独自の論理があると意識されるようになるのは、一八世紀、近代法学の父と呼ばれるベンタムの法哲学によってである。ベンタムは道徳的サンクションと法律的サンクションを明確に区別し、法律を倫理から切り離して、社会の幸福量を最大化させる道具とみなした。かれによると、国民は倫理的には個人の自由において行為してよいが、最大幸福原理のもとで制定された法律に従っていさえすれば、社会は秩序あるものとなるのである。しばしば誤解されているが、社会全体の幸福を増大させるように自分の行為を決定することは、義務として求められてはいない(拙著『ランド・オブ・フィクション』)。

それ以前は、古今東西において、法律と倫理は、それぞれが対立するほどの明晰な概念でも領野でもなかった。法律は、とりわけ慣習法や自然法において倫理を含んでいた。行為や秩序について考察される必要のあったところではどこでも、その考察の主題は倫理であったともいえる。およそ四千年前の『ハンムラビ法典』に「眼には眼を」という規定があり、それは法律の原型のようにも見えるにせよ、しかし現代でも「倍返しだ」などという言葉が流行るように、それに似た倫理観で生きているひとも多い。報復感情も倫理的なもののひとつであり、それを抑えるべきとする思考もまた倫理的なものである。

しかし、一八世紀の西欧において、人々の行為を動機づける文脈や状況が整理され、宗教や政治や経済や法律が倫理から区別されるようになり、それに伴って倫理学の対象もそれ以前とは異なったものとなった。とりわけ法律と入り混じった意味あいが排除されるようになった。実際には、いまだに法律に倫理が混入している事例は多いし、倫理を含ませようとする政治家も多いが、多くのひとは、法律の規定する行為がそのまま倫理的な行為であるとは考えてはいない。今日、倫理という語は、こうした歴史的文脈のなかにある。

なお、「善悪正邪」という表現に含まれるように、正義が倫理的概念とみなされることが多いが、それは理想の法律において実現されるべき裁定のことを指している。しばしば裁判に正義がないとされるのは、法律が正しく適用されていないという場合もあれば、その法律が悪法であるという場合もある。理想の法律とはどのようなものかといえば、法律が国会という場で決定されるようになっている現代においては、民主主義的手続きによって決定されたものであるということになる。

しかし、法律と倫理を区別せず、法律をよく知らないままに倫理的な善悪がそのまま法律に反映されていてしかるべきだと想像する人々にとっては、正義とは、悪を懲らしめ善をもたらす、いわば水戸黄門や大岡越前の裁定の類のものである。そのような裁定は、権力が司法に直接介入するという意味で現代では不正なのであり、実際にも、そうした正義感で行動するひとたちの生み出す悪は多い。

†応用倫理の行き詰まり

倫理の位置づけについての以上のような事情に加え、二〇世紀後半、アメリカから「応用倫理」という観点が導入されて、倫理という語の意味に新たなイメージが付け加えられた。

倫理学における道徳の研究が廃れがちであったところに、特定の現場ないし領域で生じてきた難問（アポリア）に対して「応用」されるべきものとして倫理が再発見されたのであった。そこでは、新たな技術や社会状況における、法律の制定が追いつかない事象や、状況のバリエーションが大きくて法律を制定し難い事象に対して、善悪の基準を設けることが目指された。

応用倫理のひとつとしてよく知られているのは「生命倫理」である。医療の現場で脳死判定や人工授精のような新たな技術が使用されるようになり、心臓が動き呼吸をしているのに意識が戻らないひとや、人為的に精子と卵子が結合されて産まれてくるひとが出現した。死や生についての伝統的な、宗教や政治や経済が入り混じっていた考え方に納まりきれないこうした出来事に対して、創出すべき倫理があるとされたのであった。宗教に対しては中立的で、そして経済的ないし政治的な利害や効率に還元されるべきでない一人ひとりの判断の基準を与えるものが必要とされたのである。

とはいえ、それでも宗教からは切り離し難い論争も多い。たとえば、人工妊娠中絶におけるプロライフ（赤ん坊が産まれることとの優先）の主張は、神によって生命が与えられるとするキリスト教信仰を背景としている。それに対立するプロチョイス（産む女性の選択の優先）が前提する人権概念も、キリスト教信仰とまったく無関係であるともいえないのである。それゆえにこそ、とりわけアメリカ政治における大きな争点となっている。

その後、生命倫理と同様にして、時代の変化によって新たに生じてきた出来事に対するいくつもの応用倫理が説かれるようになっていった。地球温暖化や生物多様性などについての環境倫理、営利活動についてのビジネス倫理、技術の利用についての技術者倫理、特に最近ではＩＴ技術の発展に対応すべきＡＩ倫理などである。

　これら応用倫理の議論をふまえて、これまで、関係者相互の合意や手続きの取決めなどについての法律の制定がなされてきた。だが、しかし実態としては、そこで起こった論争の大部分に、いまだ決着がついていない。水掛け論や千日手のような議論の行詰まりが生じている。それらは、当初は何らかの規範を与えようとして「倫理」と呼ばれたのだったが、いまは係争中の議論そのもの、それらが主題とする問題状況そのものを指して「倫理」と呼ばれることもある。

†胸に手を当てて考える

　なぜ論争に決着がつかないのであろうか。応用すべき多様な倫理学説が相互に対立しているからであろうか。しかし、それだけではない。そこで論じられていることに、必ずしも倫理学説が「応用」されなかったからなのである。

　というのも、応用倫理における議論は、しばしば法律の整備を進めるためのものであり、その議論に参入するのが、当該現場における職業従事者や利害関係者、およびそこでの紛争を調停しようとする法律の専門家たちであって、かれらには、倫理学説に参照することなく「自分の胸に手を当てて」善悪を判断することで差し支えないとする傾向があった。

そう、従来からひとは、倫理はといえば、自分の胸に手を当てて少し考えてみれば答えの出せる、そうした善悪の判断基準であるとみなしてきたのであった。なぜ胸に手を当てるのか。それは、そこに心臓、つまり「ハート」があって、ハートこそは「良心」を喚起する器官であると信じられてきたからであろう。

そもそも良心とは、西欧では「神の声」のことである。キリスト教の教義（ドグマ）のもとで下す判断は、その信徒たちにとっては真実である。「真実」という概念がそこに由来する。その意味では絶対のものであろうが、キリスト教徒ではない多くの日本人にとっては、良心とはただ幼少時に周囲から言い聞かされたことを思い出すこと、あるいは現在の周囲の人々のさまざまな思惑を忖度（そんたく）することでしかないであろう。裁判官が憲法七六条三項によって「良心にのみ従って」判決を下すとは、法体系にのっとっていることをしか意味していない。

しかし、宗教的背景がないにしても、いわゆる「良心に従った判断」は、単なる個人的主観的なものと決めつけられるものでもなく、その社会で伝統的に育（はぐく）まれてきた善悪観ないし善悪感情を背景としており、しばしば多くのひとを納得させることができる。これらを、理論的な裏づけがないということだけをもって否定するべきではないであろう。

倫理学において、しばしば「道徳感情」や「道徳的直観」という概念が提示されてきたのは、善悪の定義以前に、人々のあいだにすでに判断の根拠のようなものがあって、それを無視しては倫理学が成り立たないと考えられてきたからである。

その意味で、胸に手を当てて考えるだけのタイプの善悪の判断が無価値であるというわけではない。デカルトは『方法序説』において、「人間はみな良識を持つ」と述べている。のちに理性と解釈されるこの「良識」は、原語が「ボン・サンス（善い感覚）」である。だれもが努力して知識を増やし、状況をふまえ、根拠のもとに判断するという「期待」であったともいえる。

感覚は経験において起こるものに過ぎず、時代や社会によって容易に変化するものである以上、真の根拠とはいえない。しかも、そこで善悪が意識されるのは、逆説的であるが、規範を含んでいる宗教や政治や経済や法律、および既存の道徳やモラルに対抗してであることも多い。応用倫理の議論が水掛け論になりがちなのは、いずれかの立場のひとが論理的ではないからというより、その前提となる生の捉え方が異なっているからなのである。

脳死に関する論争は、わが国では「臓器移植法」となって一応の決着を見たが、しかし、そののちにも、現場に立ち会う人々のあいだで、相変わらず判断はためらわれている。心臓移植の実績はいまだ多くはない。それは、庶民が無知だからではない。法律とは異なるものとしての倫理から離れてしまうことがないからなのである。

倫理は、議論によって何らかの規範として定めようとしても、それぞれのひとが生まれ育ったなかで獲得してきた善悪の基準に依拠し続ける。それに妥当しない規範は、制定されたとしても、早晩なし崩しにされてしまうに違いない。とはいえ伝統的な倫理に準じているだけでは、次の世代や別の地域の人々からは受け容れ難いものとなっていく。規範の根拠や合理性を検討するばかりではなく、そうしたものとしての倫理を見失わないように努めるべきであろう。

4 倫理と道徳

†倫理の語源

法律とは異なり、法律および宗教や政治や経済や、あるいはまた従来の道徳と対立することもある倫理とは何のことか。しかも、ひとがそれぞれに胸に手を当てて、「それは善い」とか「それは悪い」とか、自分の判断を得ることができるとみなす倫理とは何なのであろうか。

しかし、それに答えるまえに、なぜそれを「倫理」と呼ぶのか。ここで倫理という語の由来について確認しておこう。

倫理の「倫」とは、中国の漢字の語源としては同類や仲間のことである。古代中国において、儒教によって唱えられた「五倫五常（人倫五常）」という語があるが、五倫とは父子、君臣、夫婦、長幼、朋友という人間関係のことであり、そのそれぞれに関して仁義礼智信という徳が求められるという意味であった。

現代中国においても、『漢語大词典』では「伦理，汉语词，意思是人伦道德之理，指人与人相处的各种道德准则。该词在汉语中指的就是人与人的关系和处理这些关系的规则」と記載されている。日本語に訳すと、「人倫道徳の理を意味する、すなわち人と人との付き合いの各種道徳規範を指している。この語は漢語の中で人と人との関係とこれらの関係を処理する規則を指している。」（朴英蘭訳）となる。さらに、たとえば「天地君亲师」は五日倫、また君臣、父子、兄弟、夫妻、友人は五人倫とされ、忠、孝、悌、忍、信は人倫を処理する規則であるとされるように、中国の人々は往々にして倫理を道徳の基準であるとみなしている。

要するに、中国語としての倫理は、「倫」、すなわち同類や仲間という語に「理」という字が付加されて、対人関係についての道徳規範を指しているといえよう。「不倫」とはそれに反した関係のことであるが、わが国でもまさに夫婦関係に反した関係を指す。他方、「理」は、漢字の字義からすると、西欧の、幾何学的な比に由来しつつ言語活動に結びつけられる永遠で究極的なものを求める論理（ロゴス）とは異なって、大理石の紋様のようなものとして、たとえば動物の肉を解体するときに正しい筋目に沿って包丁を入れれば容易に分離するような動物身体の構成原理を指しており（『荘子』）、父子、君臣等のように、それによって分解、分類される人間関係の「筋目」のことである。したがって、倫理とは、互いの立場に応じて、なすべきこと、なしてはならないことの一線を画するもののことなのである。

†道徳

では、「道徳」の意味は何かであるが、その原義は「道にのっとった徳」という意味である。徳とは、「善い」とされる性質のことである。事物や家畜が善いとされるのは、有用であったり、扱いやすかったりすることであるが、人間が善いとされるのは、それとは違って、ひととして尊敬されるような卓越性、人間として優れたところがある点においてである。したがって、徳とは優れているひとに備わる性質のことであり、畳重表現となるが、古代中国においては、「道に従って生きる」ひとのあり方のことであった。

なお、このようなタイプの徳の定義は、西欧にも見出だされる。古代ギリシアにおいて、プラトンの『メノン』などで似た説明がなされている。現代のウィトゲンシュタインも、「善いピアニスト」は上手にピアノを演奏する有用なひとのことであるが、「善いひと」は徳のあるひとであると述べている（『倫理学講話』）。人物も有用であればよいとされるが、――かれにとっては「沈黙すべきこと」ではあろうが――、そのなかに単に役立つ以上のことがあるというわけである。

ただし、日本語ではそこまで明確に規定されておらず、「善いひと」が「扱いやすいひと」を指すこともある。「人徳がある」とは、他人に好かれ易いひとのことでもある。とすれば、わが国で「徳」がどの程度重視されているかは微妙である。なお、「善男善女」という表現もあるが、それは仏教における信心深い人々のことである。

†現代の徳

今日においても「徳」を倫理学の主題とするひとがいる。なるほど、政治や経済において重要な地位にあるひとは、自分の評判を落とすことで仕事がやりにくくなったり、その地位を追われたりするがゆえに、誠実であるとか寛容であるとかいった徳を持っていることが求められる。しかし、そのひとの仕事によって影響を受ける人々に対しては、そのひとと同等の徳を持つことは要求されていないし、なかにはそのひとの評判を落とすために悪い噂を流そうとしたりするひともいる。それはまさに徳がないがゆえにすることである。

　徳のあるひとがそう評価されるのは、徳のないひとと比較されるからであり、徳のないひとが多くいることが当然とされているからなのである。もし徳が単なる人物評価ではなく、ネットで「善いひと」の多様な例が盛んに取りざたされるように、すべてのひとに要求されるものであるとしたら、そこは息苦しい社会となるのではないか。

　古代中国における徳治主義においては、政治リーダーは徳を要求されたが、事実として、庶民のだれかが、徳があるということだけで政治リーダーに抜擢されることはなかったであろう。支配者に成り上がったひとに、あとで徳があったからだという逸話が捏造されることはあるかもしれないにしてもである。

　徳は現代においても求められるが、それは庶民がリーダーに対して望む理想のイメージに従うことである。それはまた、医師や教師といった職業人にも望まれるものであり、それからはずれた場合の非難は他の種類の職業人に対してよりも大きい。だが、そもそも庶民の望むイメージに従ったひとこそが適切にその業務を行うという根拠はない。患者の言い分を寛大に聞き過ぎて治療に失敗する医師もいるだろうし、問題児に誠実に対応する教師が担当の他の生徒を放置してしまうということもあるだろう。その種の職業人にとっては、人々がイメージする理想像どおりに業務を行おうとすることは、しばしば葛藤になるに違いない。だから逆に、そんな理想像は庶民の偏見だといわれることもある。

徳とは、社会や組織のあり方を決定する特別な立場のひとがいることが前提となったうえで、前近代では支配身分、今日ではエリートとされる特別な人々の倫理規定のことでしかないように思われる。それなりの所得が保証される職業であるならば、妬まれることのないための、その職業に付随した職業倫理でもある。

他方、個人の自由や人権の尊重が原理となり、平等が重視される近代以降の社会において、すべてのひとに徳が求められるとすれば、それはすべてのひとに可能な水準でしか達成されないのだから、だれにも徳を求めないことになるのではないか。あるいは、現代の徳とは「ホモ・エコノミクス」、つまり効用を最大化することをもってのみ善とする性格のことになってしまうかもしれない。

†道

次に、「道」とは何か。それは中国では「タオ」、天帝を超越者とし、天道と地道、すなわち天と地を通じて一貫した物事の運行を示すものであった。それゆえ道徳とは、天道に対する人道、つまり天の運行に連動する「人の道」において、獣からは区別される人間として行為することであった。とりわけ儒教において、その聖典である『礼記』に「修身斉家治国平天下」とあるように、道徳はまずは修身、すなわち一人ひとりの礼儀正しく他人を思いやる態度（仁義）を養成することであり、――道徳が政治から切り離されていないわけであるが――、そこから家族関係が整い、国家が治まり、天下が平和になるとされた。

混同されないように付記しておくが、「道」を説いた古代中国の思想としては、道教（道家）もある。老子と荘子に由来するということで「老荘思想」とも呼ばれるが、自己を厳しく律することを教える儒教（儒家）の「道学」とは別のものである。「大道廃れて仁義あり」（『老子』）とあるように、儒教の説く道は人智によって歪められたものだと批判していた。

わが国における「道（ミチ）」も、中国における「道」とは異なる。近世における荻生徂徠（おぎゅうそらい）は道を「聖人の道」として、古代中国の王たちの制作によるものとみなした。文化的産物でしかないという意味である。二宮尊徳のように、あえて天道と人道の違いを説いた思想家もいる。むしろ、道は「ドウ」と読まれ、修験道以来、武道や茶道のように、特定のひとが分け入って体得する「世俗からの超脱」を意味してきた。わが国における「道（ドウ）」は、中国の「タオ」のように、すべての人々が参与すべきものとしての道ではなかった。

もしわが国伝統の「道（ミチ）」があったとすれば、それは「清き明き心」であり、元は中国由来の概念であるにしても、和辻哲郎によると、「正直（せいちょく）」や「誠」や「真心」というように言い換えられ、儒教の諸概念には還元されない定義がなされてきたという（『日本倫理思想史』）。どんなに不合理であっても、――世阿弥が能でさまざまに表現していたように――、幻想であっても構わないのだ。

†儒教道徳

したがって、「道徳」それ自体は、わが国においては、道教的な「無為自然」でもなければ、修験道的な「修行得験」でもなく、また道とはされるが、神道のことでも仏道のことでもなく、要するに儒教によって示される生き方のことにほかならなかった。なかでも、江戸時代に身分秩序を維持するための幕府の政策を支える思想として導入された朱子学の教えのことであった。

朱子学は、一二世紀、中国の朱熹が理気二元論という形而上学的な裏づけによって儒教を再興した学問である。明治期に「道学先生」といって生真面目な生き方を推奨するひとが揶揄されることがあったようであるが、それは、遡れば江戸時代、山崎闇斎など、「敬」という慎む態度を重視する朱子学者たちの伝統を引き継ぐものであった。

また、似た意味で「修身」という語も道徳と同様に使用されたが、この語は、当初は、明治期に儒教の道徳と区別された西欧由来の倫理思想を示すために採用されたという。その後、忠君愛国の精神を浸透させようとした教育勅語のもとで、再び儒教思想と混ぜあわされ、近代天皇制思想を支える倫理規定へと変えられていった（小林秀樹「道徳教育における「道徳」をどうとらえるか」淑徳大学研究紀要第五十一号参照）。

今日なお、「人の道にはずれる」といった言いまわしや、ヒューマニズムの訳としての「人道主義」という表現は残存しており、中国由来の道徳に似たことが語られもするが、前近代的価値観や戦前の国家主義に結びつけられないように、道徳や修身という語が避けられる傾向がある。

†モラル

ともあれ、中国では、倫理という語で人間関係をよいものとするために一人ひとりが心がけるべきことを指し、その具体的な行為規範が道徳と呼ばれてきたが、これを狭い意味での「道徳」とすると、その延長において、道徳という概念は、モーセの十戒や仏教の五戒八正道などにある「殺すなかれ」や「盗むなかれ」といった普遍的な行為規範、古今東西、どの文化においても何がしか規定されてきた人間一般の行為規範として、広い意味でも理解されている。

そのように、ひとがどう発想し、どう振舞い、どう生きていくべきかについてのさまざまな対処法が道徳と呼ばれていたこともあるが、しかし現代の人々は、こうした人生の諸問題に対する対処法を、もはや道徳として語ろうとはしなくなっている。それで、近世の儒教道徳や戦前の修身と紛れないようにするために、さらにもっと一般的な意味で、「モラル」という語が使用されるようである。

「モラル」は道徳よりも広い意味をもち、条件や場面が明確な場合には、タブーやマナーやルールやエチケットやマニュアルやコードやプロトコル（儀式手順）、また礼儀や作法や品位や品格と呼ばれるものも含む。ただし、そこには老荘思想や日本の道（ドウ）や神道や仏教の勧める生き方は含まれていないように思われる。

なお、「モラル」という英語には、フランス語から転用された「モラール（志気）」の意味が相混じり、物事に対する意気込みや集団に対する忠誠心の意味あいも含まれている。「モラル」は、道徳という語に全面的に置き換えられるものでもないのである。

†倫理の諸概念

以上のすべてが日本語における「倫理」という語で意味されるものに関わっている。人々が胸に手を当てて善悪を判断しようとするときには、これらもろもろの対象がそれぞれに主題となっていて、しかしその区別はなされていないように思われる。

なお、最近は「エシカル」というカタカナ語が使用されることがあり、これを訳すと「倫理的」となるが、内容的には環境や人権に配慮していることを指しており、それが日本語でいう「倫理的」とは意味が異なるがゆえに、カタカナ語にされているものと思われる。

それでは、ここまで述べてきた倫理に関わる諸概念を整理しておこう。

①狭い意味での古来の「倫理」：団体や組織の精神として法律に準じるもの
②狭い意味での最近の「倫理」：社会に生じている問題状況に対する政府の政策や諸個人の行為の正当性を論じるもの
③狭い意味での「道徳」：中国儒教の教え
④広い意味での「道徳」：人間行為の正しさや人生の意味についての教え、③も含みつつ

一般化されたもの
⑤「修身」：③と④を含む、国家主義的教育のための戦前の道徳
⑥「モラル」：上記②と④を合わせたもので、かつ士気や志気といった独特の意味あいを含むもの
⑦広い意味での「倫理」：上記のすべてを含み、かつ道徳や倫理と意識されないままに人々の行動に圧力をかけ、秩序を作り出そうとするもの全般、これが「倫理的問題」などという語が使用される文脈における、倫理学の対象としての「倫理的なもの」である。

ただし、倫理という語にすでに「理」という秩序が含まれている点に、「倫理的なもの」が規範や学知を排除して成り立つものではないことが示唆されている。世間には、「それは善いか悪いか」という直感ばかりでなく、「何が善くて何が悪いか」という思考、さらには「善とは何で悪とは何か」という倫理学的思考もある。「倫理的なもの」には、倫理的思考と倫理学的思考が、すでに倫理的実践として含まれているのである。

なお、倫理学のなかに、「メタエシックス（メタ倫理）」という立場があるが、畳重表現ではないとしたら、「倫理的なもの」から倫理的思考を排除して倫理を考えることができるとする立場であろう。また、倫理の原理を探究して、明確な規範として提示しようとする「規範倫理学」という立場があるが、倫理学の対象には規範とはなり得ないものも含ま

れる。

倫理学は、しばしば宗教や政治の意図を汲み取って庶民に馴染みのある倫理的表現（プロパガンダ）を作成したり、庶民の倫理を汲み取って規範として法律の草稿や補遺にしたりするのに使われる。どうして倫理学的思考が倫理的なものの外部にあってそれに拘束されないで真理を語ることができるなどと前提できようか。倫理学は、もっと広く、倫理的なものの内部から自己批判を行うようにして、倫理的なものの根拠、倫理的なものの条件と限界を示そうとする学問であってしかるべきなのである。

5 倫理的なもの

†倫理学の主題

これまで見てきたように、倫理的判断は道徳やモラルとして意識され、一定の規範となっている「倫理（倫理規定）」の一例や応用としてなされる場合もあるが、倫理的とは意識されずにただ胸に手を当てて感じられた善悪について個々別々になされる場合がある。その場合の主題を「倫理的なもの」と呼んで、規範と同一視されがちな「倫理」からは区別しておこう。

「倫理的なもの」とは、道徳のような「なすべき行為」の基準と「なした行為」の評価ばかりでなく、宗教とも政治とも経済とも法律とも分離される以前の、人間が社会を形成し、集団となって生活するなかで育まれてきた人間行動の指針であり、評価基準である。倫理という語で示されてこなかったとしても、集団にはなにがしかの秩序があってしかるべきとされ、その秩序においてどのように振舞うべきかを一人ひとりが判断する指標や基準がある。歴史的沈殿物として、ちぐはぐであったり、場当たり的であったとしても、集団の秩序を維持するために規定される諸形式、それらに所属することによって期待される態度や振舞がある。それが「倫理的なもの」である。

倫理学は、そうした「倫理的なもの」を対象として、その根拠や条件や限界について探究する学問である。「倫理」とされてきたものの意味や価値を吟味し、一般的な倫理、さらには絶対的で必然的な倫理があるかないか、あるとしたらそれは何かということについて研究する学問である。

†生活の指針

ところで、現代の人々は、それぞれに直面する人生の諸問題において、単なるハウツー、すなわち「課題解決」を目指して個人が心理的な対処法を探すという思考の文脈に追いやられる傾向がある。西欧中世には「決疑論」と呼ばれる似た思考があった。そうしたタイプの対処法はひとつの倫理であるとはいえ、今日の社会状況に依拠しており、決して普遍的な倫理ではない。

それにしても、ビジネス書や自己啓発本において夫婦関係や職場の人間関係を改善する方法が謳（うた）われるとき、あるいは参詣の儀礼やビデオ会議での退出の手順などまでについて、マナーの専門家を称するひとによって根拠の知れないルールが説かれるとき、あるいは格言のようにして哲学書の断片を引きながら、哲学者と自称するひとによって生き方の指針のようなものが説かれるとき、主題となっているものは「倫理的なもの」である。

そうしたタイプの言説は、いたるところに出現する。タレントおよびタレント学者の井戸端会議と化したワイドショーでの瞬発的および反射的発話芸における「国民の声」、人生応援歌とも呼ぶべきポップ音楽、作家や占い師のする人生相談の一行一行、就活、婚活、終活（人生会議）に関するネット上での無際限のおしゃべり、それらは決して単なる個人的嗜好（好き嫌い）の表明ではなく、そのようなオブラートに包んであったとしても、だれもが従うべきものとして社会的圧力を巻き起こす「倫理的なもの」である。

そこでは個々人の「心の持ちよう」ばかりに照明が当てられる。それらの大部分は、

「どうしてこうなった」と「これからどうなる」と「どうすればいいか」についてのおしゃべり（言説）である。これらはみな道徳ないしモラルとも呼び得るものであるが、倫理的なものとしては意識されていない。倫理学が対象とするものであるとは理解されていない。

✝ネット空間

こうした言説は、いつの時代にもあったかもしれないが、今日では、出版物やメディアやネットによって、より広汎に流布されるようになった。とりわけネット上の言説は、街角の掲示板のうえに書き散らされた落書きやいたずら書きと大差ないものなのだが、世界中の膨大な数のひとから見られるようになっていて、メディアが盛んに取り上げるところがそれとは異なる。

ネットでは、多様な倫理的主題に関する独り（ひと）よがりの投稿に対して誹謗中傷やヘイトスピーチ（憎悪表現）がなされ、いたるところで炎上する。ひとを感動させる投稿や賢い振舞いをするひとを紹介する投稿の氾濫も、そうでないものを潜在的に非難しているわけだから、その裏返しの現象である。現実空間（リアル）でのトラブルに対する一方的な投稿が自力救済の武器ともなれば、単なる嫉妬や目立ちたがりによる虚偽の投稿がまともな店や創作者に対する悪評を作り出したりもする。具体的な利害も絡むこうした議論の真偽は、しかし論証や証拠によってではなく、ネット民たちの多数決によって決められるので、直感的に分かりやすいだけの意見が勝利する。

　そのことは、ネットリテラシーを呼びかければ改善できるというような問題ではない。新たな社会構造が到来していると解するべき問題である。情報の真偽を選別する能力が必要だといわれるが、われわれにフェイクニュースやＡＩによって生成された情報を識別する手段はない。たとえ事実とされているものであっても、恣意的に集められ、並べ替えられた情報による洗脳には抗い難い。

　しかも、ネット上の投稿の大多数は、それほど真実を重視していない。厳密な論証に対しても、誠実な対話に対しても、脇から茶々を入れ、真剣に真理を求めたり切実に和解を求めたりしている人々の熱意を挫けさせようとする野次のようなものである。スポーツやゲームとは違って、現実の出来事や人間関係というリセットできないものが無数の人々のまえに晒されるとき、そうされたひとの人生には大きなダメージが与えられるだろう。

　ネット空間は、アメリカの西部開拓時代のような無法地帯である。炎上とはリンチであり、実際にもひとを自殺にまで追い込んだ例は少くない。その秩序、その善悪の基準は、アプリの仕様として私企業である運営会社（プラットフォーマー）が決めるので、現実空間では裁判沙汰となるような行為が許容されてしまうのである。さらに最近のＡＩ化は、ゴールドラッシュの様を呈しており、それが人々をどのような窮地に追い詰めていくかは、はかり知れない。

†ネットにおける言説

そこでは、炎上しても「悪名は無名に勝る」とする猛者たちが、アリーナ（闘技場）に登場する剣闘士よろしく、一般受けしそうな主張を繰り広げ、真理や正義よりも、フェイクであっても構わずに多数派を獲得することを競い合う。もはや専門家の見識に力はない。どんな学問的主張に対しても、自分の直感や耳学問、高校教科書レベルの知識と違うというだけで批判する。人々も、自分がそのようなひとの説によって応援されていると感じられさえすればそれで構わないとする。

ネット上の投稿は「自由な言論」などではない。政府を批判する権利の担保として、民主主義で尊重されるべき少数者の意見なのではない。それは、他のひとからどう受け取られるかを省ることのない噂話、言論に伴うレトリックから言論の内容を差し引いたもの——カラスの啼き声のように、警告、逃走、殺到、勝利の信号を発するのみである。群れの情動を支配し、その形態を変えさせようとする叫びである。「いいね！」を押して絶賛し、推したり煽ったりする投稿といえども同様である。そうした叫びは、古代ローマのコロッセウムで、勝利した剣闘士に対して敗者を「殺せ！」と要求する大合唱の叫びでもある。

その結果、これまでは意見が尊重されることのなかったほんの数パーセントのひとたちの、ルサンチマンないし承認欲求のために途切れなく発せられるノイズが、自分で取材する努力をせず、目新しいだけのものを手間をかけずに探して視聴率を稼ごうとするマスメディアによって社会全体の意見のように取り上げられ、それを気にも留めていなかった一般の人々を動揺させ、あるいはそのルサンチマンを密かに抱えた何割かのひとたちに潜在的に支持されて、それが「国民の声」のように錯覚され、それで政治も動き出すとしたら、この国の未来は一体どうなってしまうのだろう。

ネット空間の善悪の基準を、金儲けが主眼であるプラットフォーマーたちに委ねてしまっているのは、軍隊がクーデターを起こして政府をのっとってしまっている国家の実態に近いものがある。独裁者やテロリストに一旦支配されてしまった国でそれを覆すのは困難であり、どこかでボタンを掛け間違えた気の毒な国民たちは、プロパガンダや情報遮蔽によって自分がそれとは知らないままに哀れな生活を続けているが、それと同様に、ネット空間の炎上やエコーチェンバー効果によってポピュリズムが異様な力をもつようになったこの社会で、われわれも惨めな生活に追い込まれようとしているのではないだろうか。

†セクハラ

以上の現象は、当初は理性的な議論が容易になって民主主義を支えると期待されていたネット空間が、むしろ社会の複雑さと手続きの困難さのために忍耐を強いられていたひとたちの恨みを一声で晴らすのに有効な道具となったことと、決して無関係ではないであろう。宗教や政治や経済や法律といった専門知を要する議論が、心情のレトリックに置き換えられ、それらの底にある倫理的なものが、倫理学的諸概念に参照されることなく噴出し、渦巻いている。しかも、そうしたネット空間が現実空間にまで滲出して、現代に特有な表現が生まれてきているように見受けられる。

たとえば、さまざまな場面や状況に関して「ハラスメント（嫌がらせ）」が指摘されるようになった。ハラスメントという呼称は、一九七〇年代にアメリカのフェミニストが唱えた「セクシャルハラスメント」に始まるという。もとは敵を疲弊させるタイプの作戦を指す軍事用語であったという説があるが、法律によって男女平等とされた職場において、女性らしさを求めるなど、旧来の性別役割観のままの処遇をすることばかりではなく、さらに女性を平等に処遇しなければならないことへの反発を言動や態度や環境として女性労働者に差し向ける男性がいることが問題とされるようになった。

その具体的内容は多様かつ曖昧であり、法律で規定するのが難しいという点で、まさしく倫理規定が策定されるべき問題なのであったが、男女差別を含む旧来の道徳やモラルもまた批判の対象として含まれるがゆえに、「ハラスメント」という新しい用語が採用されたのであろう。

なお、最近では、ハラスメントに対する追及が進んで、「ミートゥー運動」が起こった。女性が職場等で性的関係を強要されたことへの告発であるが、しかしこれは倫理的な問題というよりは、法律的な問題である。事実上の犯罪が経済的関係を背景として隠蔽されてきたということなのだからである。

それに加え、過去のハラスメント行為を取り上げて現在のモラルによって業界から追放しようとする運動、「キャンセルカルチャー」も起こった。過去においては法律的にも倫理的にも許容されていた行為が現在の基準で否定される場合に、現在も地位のあるひとに対し、それを過去に遡って追及することによって失墜させようとする運動である。時代を通じて文化も変遷し、人々の発想も行為の善悪も変遷していくということをふまえないのは教養（カルチャー）がないともいえようが、正義感というものが、悪をなしていると知らないひとにそのことを思い知らせたいという感情であるならば、そのようなことが起こっても不思議はない。ただネットを通じてその運動が容易に拡がるようになっているところが、現代的なのであろう。

†さまざまなハラスメント

ハラスメントという語については、さらに上司と部下のあいだでの「パワーハラスメント」、教授と学生のあいだでの「アカデミックハラスメント」、客と店員のあいだの「カスタマーハラスメント」というように、拡張適用されるようになった。もしハラスメントの告発を、人間関係について適用されるべき新たな道徳の提示とみなすならば、それは現代的人間関係のもとにおいてであるが、「倫理」の中国語の原義そのものであろう。人間関係における行為の道徳的基準である。しかし他方で、この語は、当初は給与や地位などの経済的関係を背景にして圧力をかける行為の告発のために使用されたという。それは、西欧近代に起こった経済と倫理の分離の延長にあったともいえる。

その後、「ハラスメント」という語を使用する効果が絶大であったところから、その語がさまざまな場面で使用されるようになったが、しかしその結果、不快な思いをすれば何であれその引鉄(ひきがね)となった行為をハラスメントと呼ぶひとたちが出てきた。そうなると、恣意的に、多様に造語されていく諸ハラスメントは、ただその話者たちが胸に手を当てて思いつく道徳やモラルの逸脱(いつだつ)に過ぎないものとなる。あるいは、単に自分に不都合な事態への非難を正当化するためのものになる。その区別もつけ難い。

ハラスメントを単なる「不快な言動」から区別するには、その背後に経済的関係があるかどうかを考察してみればよい。たとえば「モラルハラスメント」は、――初出のフランス語では職場の人間関係の問題点を指していたとのことであるが――、家計を維持する夫の立場からなされる強圧的言動であって、ただ理屈っぽいということではない。「ロジカルハラスメント」と呼ばれたりもするらしいが、もしそれが専業主婦の家事能力の不足についての場違いに論理的な指摘のことであるなら、むしろ「パワーハラスメント」の一種であろう。

近年、ハラスメントがしばしば訴えられるようになったのは、ハラスメントをするひとが増えてきたからなのか、それとも以前なら泣き寝入りをしていたひとが声を上げるようになったからなのか、それとも社会の大きな問題、たとえば男性中心の終身雇用制度の政治的経済的不合理性などを覆い隠すために身近な小さな倫理的問題が取り上げられるようになったからなのか。いずれにせよ、ハラスメントという語で、道徳という個々人のあいだの問題と考えられてきたものが、社会に向けて告発できるネット空間での発言の特性に対応して、お金の絡(から)むおなじ状況のもとでおなじ属性のひとに生じる社会的問題として意識されるようになったといえるだろう。

†バイアス

経済と倫理の分離によって生じてきた語としては、ハラスメントに並んで、「バイアス」という語がある。「正常性バイアス」や「確証バイアス」など、認知心理学および行動経済学におけるバイアスという概念が、日常的にさまざまに使用されるようになった。

経済学は、「合理的期待形成」など、もとより経済活動を行う個人を自由で理性的な主体とみなして理論を構築してきたが、現実の人間がそのような主体ではないがゆえに理論が現実を説明しないという難点があった。行動経済学によると、人間が利益を最大にするように合理的に行動するかといえば、目先の小さな利益にこだわったり、大きなリスクを無視したりする、それが人間の本性だというのである。そうした非理性的な判断様式を、行動経済学は「バイアス」と呼んで、その事情を経済学の理論に組み込もうとしたのであった。

それはそれで経済学のひとつの理論なのではあったが、しかし、その発想をより一般化して、非理性的判断をバイアスと述べることを通じて、人々の行動を説明するひとたちが出てきた。バイアスというのは偏差という意味であるが、何から偏っているかというと、それは理性的な判断様式からである。とすれば、「バイアス」とは、近代の理性主義的な道徳やモラルに反するものについての批判であり、その意味では復古主義的な倫理的概念であるともいえる。

たとえば「現在バイアス」の例として、いまなら十万円だが来週なら十一万円もらえるという場合に、多くのひとがいまの十万円を受け取ろうとすることが「バイアス」とされる。しかし現実では、たとえば貸した十万円を返しにきた人物が「来週ならこれを十一万円にして返す」といったとき、それを断っていまの十万円を受け取るのは不合理ではない。その人物が十万円でギャンブルをしようとしているなら来週には一銭も返ってこないかもしれないし、あるいは自分にこの一週間のあいだにその十万円で買いたいものが現われるかもしれないのだからである。翌週に増加する金額が少ないほどいまの十万円を受け取るべきであるし、その金額が多ければ多いほど詐欺を疑うべきである。重要なのは金額よりも、その人物の信用度なのである。

「正常性バイアス」の例としては、災害時に避難しようとしないことが挙げられるが、避難勧告が出て実際に被害が生じる確率がたとえば5％以下なら、避難するという労力をその都度とるひとは少ないのが普通であろう。二十回につき十九回は無駄足になるからである。これを「バイアス」と呼ぶなら、ワクチンに深刻な副反応が起きる可能性があるということでワクチンを打たないひとが正常であるということになるだろう。避難するかどうかは、勧告が現実的である確率をどう見積もるかによるのであって、バイアスの有無によるのではない。楽観的なひと（オプティミスト）もいれば悲観的なひと（ペシミスト）もいるというだけのことである。

行動経済学が現実のひとの行動を念頭においた経済学を構想しながらも、その現実がゲームのような抽象的な想定のもとにあるというのは本末転倒である。しかも、そこには時代や文化によって規定された理想的人間像が無批判に前提されている。行動経済学は、現代の常識（ホモ・エコノミクス）こそ正しいとする、いわば倫理的バイアスのもとにあるとはいえないだろうか。

ひとの現実の行動の正しさは、未来の不確実性をどう捉えるかに左右される。そのひとにとっての未来が短いひとと長いひとのあいだでは、おのずと判断は異なってくる。未来をどの程度のスパンでとるのが正しいかはいえない。おなじひとでも状況による。行動経済学者は人間像をさらに現実的に捉えるべきであろうし、「バイアス」という語を使って、実質的には特定の倫理的評価基準にほかならないものをひとに押しつけるべきではないであろう。

†精神医学

ハラスメントは政治に由来し、バイアスは経済に由来するが、さらに病理学（科学）に由来する「倫理的なもの」もある。たとえば、親子関係の縺れや、対人関係のトラブルなどについて、心理学や精神医学、さらには脳科学なるものにおいて論じられているのは、道徳やモラルからはずれるひとについての説明である。

このような科学は、精神に生じた問題を身体における疾病と同様の機能障害として説明するために、精神を物質からなるものに似た構築物（諸器官）とみなし、あたかも動脈硬化が高血圧をもたらすというように、区域ごとに機能が分化されているようなモデルを想定している（フーコー『精神疾患と心理学』）。こうした観念論的理論は、そのモデルの信憑性を支える脳という器官が複雑で未解明であることを逆手に取っている。そのモデルは、処方される薬物や生活指導に対応したものとして作られるのだが、精神とは何かについては、世間の常識ないし因襲的イメージに依拠したままである。

たとえば、落ち込んでいるひとは「うつ病」と診断されるし、コミュニケーションや集団活動に困難なひとは「発達障害」と診断される。そのかぎりで、従来の道徳のようにして励ましたりしてはならず、薬物摂取や行動療法によって治療しなければならないとされる。ところが、励ましに対抗して勧められる「寄り添うこと」や「共感すること」も、内容としては旧い道徳ないしモラルにほかならないのである。

このような専門用語は、以前なら専門家のあいだでしか使用されていなかったのであるが、耳学問で自己流にそれらを使用する半可通の人々が、ネットやメディアで盛んに発信するようになった。かれらは、婚活や終活、夫婦関係や親子関係や、他のさまざまな人間のつきあい方について、状況証拠に過ぎないものによって、それぞれの狭い経験のなかからたまたま自分が思いついた方針のようなことを、「脳がそうなっている」という紋切り型の口上のもとで、うまくいくという保証も根拠もなしに語り、特定の投稿を炎上させたり煽(あお)ったりしている。

†生命政治

こうした現象からいえることは、この数十年のあいだに、かつては道徳と呼ばれていた旧い生き方とは異なった生き方が、心理学や精神医学や脳科学によって提唱されるようになったということである。それらは、従来は悪とみなされていたものを、「異常」や「障害」といった病理学的概念に置き換えて論じようとする。

それらの科学によって異常や障害が定義され、診断されるということは、それが当てはまるひとへの配慮や支援が倫理的に要求されることであるとともに、フーコーが「生命政治」として指摘しているように、そのようなひとたちの排除や監禁が政治的に促進されることでもある。うつ病と診断されれば一定の病気休業のあと解雇されたりするし、発達障害と診断されれば教育上の特別な配慮を受けて成人したあとは特別な施設で生活していくしかなくなったりする。その結果ないし反動として、人々は、普通（正常）でないことを怖れ、他のひとたちと同様に行動しなければならないと考える。そうしたことを押し進める、かつては道徳やモラルが担っていた社会的圧力がそこにはある。

「同調圧力」という表現も用いられることがあるが、いまは道徳という語が忌避される傾向があるために、こう表現するのであろう。ただし、同調の程度として、どこまでおなじ判断、おなじ行動が求められるかは、文化の抽象性の水準によって変わる。ダンスのように精確に対応することを求める文化もあれば、自分のことは自分で決めるといったレベルでの同一性しか求めない文化もある。同調圧力自体は悪いことではない。むしろひとが社会のなかで生活するときには否応なく行為が相互に干渉するかぎりにおいて、大なり小なり他の人々と同様の、ないしこれを避けたり補完したりする振舞が要求されるのはあたりまえのことなのだからである。

うつ病や発達障害は、ひと昔まえには、落ち込んでいるひとであれ、子どもっぽいひとであれ、普通の人間の特定の側面であって、その都度、道徳やモラルによって規制、矯正されていた。それに対して、病名をつけることによってなされる患者たちへの処遇は、ひとが何をして善いか善くないかについての指示であり、むしろ旧来の道徳やモラルに対して、新たな倫理が提唱されていると見ることもできる。

†病理と倫理

それにもかかわらず、それらが科学として語られるとき、そこには、従来のような、倫理に関する批判や反省がない。つまり、なぜそれが善いか、善いとはどういうことか、そもそも倫理とは何かといった問いがない。進化心理学と称して道徳を自然淘汰の帰結とする学者もいるが、それは数学の問題を正解を見てから解くようなものであって、その過程における他の可能性を検証できない以上、何もいってないに等しい。

「病理」という概念によって倫理という概念が退けられ、それによって倫理とは何かが問われなくなった。それらの言説の前提となる幸福や安全や繁栄や健康、あるいは平和や正義といった倫理的諸価値にどう関わるかについてはふれないで済まされるようになった。要するに、倫理について語られなくなった。倫理について語られないままに、個々の具体的内容へのこだわりとして現われる反感共感の連鎖として、その量ばかりが重要視されるようになっているように見える。

†倫理と宗教

倫理には、もともとは宗教的な背景があった。生活上の工夫や世間を渡っていく知恵だけでは済まされない絶対的な根拠が必要だからである。世界が何であり、人間が何であるか、何のために人間がそこで生きているのかについての基本的認識が必要だからである。今日、ニーチェのいう「神の死」、すなわち無宗教の時代となり、人間の生を超越した真理について語られなくなった。だからこそ、倫理も語り難いものとなっているのであろうか。

デュルケームによると、とりわけ産業の発展によって生活形態が変化し、従来の道徳やモラルが崩壊、ないし衰弱した状態に到るが、それが「アノミー（非ノモス）」である。アノミーは、規範の無である。インモラル（不道徳）なのではない。それが特に近代の成熟ないし終焉によるのか、それとも人類史上、災害や飢饉や戦乱や疫病のたびに起こることなのか。わたしは後者だと思うが、しかし近代の終焉には、道徳やモラルが語られなくなるという特別な事情が含まれているのかもしれない。

今日、宗教的ドグマ（教義）の権威が衰え、行為の善悪や人生の意味は、以前にも増して曖昧になってきている。胸に手を当てて思いつく善悪の基準がひとによって異なるものになってしまえば、倫理は多数派にとって都合のよいルールでしかなくなり、そのルールも、状況に応じて絶えず変動するようになる。

道徳やモラルは、しばしば旧世代の人々が新しく生まれてきた人々に自分たちとおなじ生き方を押しつけようとするものであったが、それが今日新しく生まれてきた世代の人々に免除されるようになったことで、われわれは虚しくも、寄る辺なき倫理の真空をあてどなく彷徨う孤独な生活に追いやられているといえなくもない。これが、政治や経済や法律ばかりでなく、宗教からも切り離された倫理の行き着いた先だったのであろうか。

第二章 倫理学の歴史

1　西欧の倫理学

†道徳なき倫理

西欧語の「モラル」と「エシックス」は、それぞれ道徳と倫理に類似した概念であるが、中国語におけるように、道徳が倫理における行為の指針であるといったような関係にはない。近代において中世キリスト教道徳への批判が起こり、その後に多様な倫理が論じられるなかで、ついにはニーチェによる「道徳の否定」が出現してきたといういきさつがある。倫理を人間関係の秩序と解するとき、道徳と倫理は対立することもある。

ニーチェの「道徳なき倫理」は、それ以降の実存主義の思潮においてますます主張されるようになったが、それ以前にも、すでに功利主義に顕著なように、西欧近代におけるひとつの倫理学的立場でもあった。

実存主義とは、サルトルが、存在するもののなかで人間の意識だけが別格であって、存在するものの否定を通じて自己を実現するというように定式化した生き方である。他方、功利主義は、——ロック以来のイギリス経験論におけるひとつの思潮でもあったが——、それを明確な原理として定式化したベンタムによると、ひとは快を求め苦を避けるのが本性であって、苦を上回る快の量が多ければ多いほど善いとする生き方であった。いずれも従来の道徳を否定し、それとは異なった生き方を提唱していた。西欧近代文明を導入して生活しているわれわれにとって、あながち拒否することのできない生き方である。

†功利主義

功利主義が道徳批判であるということには異論があるかもしれないので、もう少し詳しく述べておこう。

ベンタムは、人間行動を枠付ける動機でもあれば制限でもあるようなものとして「サンクション」について論じ、それを自然的サンクション、道徳的サンクション、法律的サンクション、宗教的サンクションの四つに区分している。

法律的サンクションとは、法律のことである。ひとは、自分の道徳観とは別に、法律に反すると警察と司法によって苦痛が与えられることを予見して行動する。かれによると、法律は社会の諸個人の快の総量が苦の総量を上回るようにする、すなわち最大幸福を実現するための行動規制である。最大幸福のための倫理的に正しい行動を規定したものではない。各人がただ法律にふれないように振舞うだけで、ひとりでに最大幸福が実現するような規定として法律が制定されなければならないとベンタムは主張した。

それに対し、道徳的サンクションは、諸個人が相互にそれぞれの振舞に関して白い目で見られることの苦痛、賞賛されることの快楽に過ぎない（『義務論』）。いわゆる道徳とは別のものである。かれは、「私的倫理」として、道徳的サンクションをふまえて自分の快の量が苦の量を上回るように振舞うべきだとしており、そうしない行動は、——まさに生命政治的であるが——、悪というよりは病気であると述べる（『行動の動機の表』）。かれは、倫理においては自由放任主義、道徳や宗教からの自由を主張していたのである（拙著『ランド・オブ・フィクション』）。

†西欧倫理学の起源

西欧の倫理学は、もとより道徳と同一視されるものではなかった。倫理的なもの、すなわち宗教や法律と一体化した道徳や、長い伝統的習俗と一体化した道徳や、道徳へと整理される以前の人々の思いなしとしての直感の裡(うち)にある人生や人間関係や社会の善悪に対して、その普遍性を問題にし、その根拠や条件や限界をあきらかにしようとして、古代ギリシアにおいて発祥した学問であった。その探究を進めていくなら、社会、自然、宇宙、神と際限なくありとあらゆるものが主題となってくるわけであるが、以来、そうしたことを論じるのが倫理学であるとされた。この意味でこそ、倫理学は、形而上学や論理学や美学と並ぶ哲学の一部門なのであった。スピノザの『エチカ(倫理学)』は、形而上学としてその典型である。

哲学はといえば、ソクラテスから始まるといわれる。ソクラテス以前の思想家たちは自然の構成要素(アルケー)を探究し、後世になって「自然哲学者」と呼ばれているが、その知恵の探究の伝統のなかで、ソクラテスはデルポイの「汝自身を知れ」という神託を解釈して、知恵を得ようとしている自分自身を主題にし、「善とは何か」という問いを人々に突きつけたのであった。

というのも、かれは、自分の魂(心)を善いものにしようとしないかぎり、どんなに知恵を身につけても無意味だと考えたからである。人々は知恵において何かが善いといい、何かが悪いといい、それらはしばしば正しいが、善いとか悪いとかいうそのことがどんなことなのか。ソクラテスのそうした問いかけによって、古代ギリシア思想は大きな変化を遂げ、いわゆる「哲学(フィロソフィア)」になったのであった。「哲学」という語は宗教的でもあったピュタゴラスに由来するが、もし人間の知恵のあり方の探究として、哲学の創始者をソクラテスであるとみなすなら、哲学は倫理学から始まったのであった。

†習俗としてのエトス

倫理とは、ギリシア語「エトス」の訳語である。エトスには、棲家や慣習や性格や習俗といった意味がある。自然(ピュシス)において生起するものではなく、文化や制度において形成されるものである。英語でいうエシックス(倫理)は、エトスを複数形にした語であり、フィジックス(自然のもろもろ)が「物理学」という学問名であるように、複数形で呼ばれることで「倫理学」という学問の名称となった。その意味で、倫理学は、もとは「エトスのもろもろ(倫理的なもの)」といった意味である。これをラテン語では「モーレス」といい、基本的にはおなじ意味なのであるが、ここから「モラル」という語が派生した。日本語ではエトスを「倫理」、モラルを「道徳」と訳し分けることが多いが、西欧においては似たような意味なのである。

なお、「モラリスト」という哲学の系譜があり、キリスト教道徳にうるさいひと(道徳家)のことも指さないではないが、モンテーニュやパスカルを代表として、一六世紀以降に現われる人間の習俗を考察しながらさまざまな警句を与えた哲学者たちのことである。

また他方、「モラルフィロソフィー」という、一八世紀イギリスにおける倫理学的立場があったが、それは道徳哲学というよりは、ハチスンやアダム・スミスなど、習俗における人間行動を観察しながら倫理的問題を論じた哲学の立場であった。その意味で「習俗哲学」とでも訳す方がふさわしいが、その延長上で経済学や社会学が展開されたところからすると、いわば「倫理科学の哲学」だったと解することもできる。

ともあれ、西欧概念の翻訳としての「倫理」には、いずれにもエトス、モラルという語の元来の「習俗」という意味が生きている。それゆえ、エトスやモラルをすべて倫理と訳し、中国語の語源にあるように、必ず何らかの道徳規範があるとみなすのは適切ではない。

とはいえ、もしエトスやモーレスを習俗としてのみ訳すとすれば、現代の学問としては民族学や文化人類学が近い。「民俗学」という柳田國男や折口信夫が創始したわが国固有の学問もあるが、そちらは古来の「地誌（ナチュラルヒストリー）」に近く、叙述にとどまる傾向がある。これらは逆に、倫理学から区別しておくべきである。

†アリストテレスの倫理学

学問としての倫理学は、古代ギリシアの哲学者、アリストテレスによって書かれた『エチカ・ニコマケイア（ニコマコス倫理学）』から出発する。その書物では、徳とは何かがテーマとされ、ひとは習慣づけられることによってよいエートス（エトスの類義語で「性格」のようなもの）をもつようになるが、その基準が何であるかと論じられていた。アリストテレスは、たとえば勇気の徳は、単に臆病ではないというだけではなく、勝てそうにもない敵に向かっていく蛮勇でもない「中庸」のもとにあると述べている。そしてこの中庸を見出だすのはロゴス（理性）であるとした。

なお、このエートスの概念は、社会学のマックス・ウェーバーが、人間行動の動機には、単なる規範や利害損得の計算だけではなく、宗教的信念として、生活全般とその方向付けを規定するものがあるとして、取り上げなおしている（『プロテスタンティズムの倫理と資本主義の精神』）。

それにしても、アリストテレスの思想内容を繙くと、はたしてそれは哲学に固有なものなのか、むしろ古今東西の他の地域の思想と共通し、比較し得るものなのではないかと考えてもよさそうである。古代中国にも「中庸」という思想がある。そこに、中村元が論じた「比較思想」という学問も可能となる理由がある（『比較思想論』）。なるほど、古今東西の道徳観を整理して、そこから広い意味での道徳一般を抽出する、ないし相対的なものとして比較するという発想もあり得るであろう。

†マキアヴェリの道徳批判

では、倫理学は、古今東西の道徳ないしモラルについて比較研究する学問と、どこが異なっているのであろうか。その答えは、近代哲学の一部門として、西欧近代に生まれた独特な倫理学があって、これが継承されてきたという点にある。それはどのような倫理学だったのであろうか。

古代ギリシア・ローマ文明が滅んだあと、哲学は中世において一旦忘却され、隣人愛（アガペー）を旨とするキリスト教道徳が人々の生活の中心となった。しかし、一四世紀にイタリア・ルネサンスが起こって、古代ギリシア・ローマ文明の精神の「再生（ルネサンス）」が目指された。そのなかで、近代の倫理学の先取りとなるような独特の主題が出現した。

その主題は、マキアヴェリの『君主論』において姿を現わす。マキアヴェリは君主の理想像を説いたのであるが、しかしそれは古代中国で理想とされたような人物像とは、まったく異なっていた。孟子は政治に「徳治主義」、すなわち天帝によって保証される道徳的な支配者の出現を要請したが、マキアヴェリはまさに「マキアヴェリスト」、徳治主義の徳とは似て非なる「ヴィルトゥ（美徳）」を持つ人物を要請した。ヴィルトゥはむしろ「実力」とでも呼びかえられるべきものであって、徳があるように見せかけもするが、場合によっては野蛮で無慈悲にもなれるような性格のことであった。統治という目的を決して忘れることなく、すべてをその目的実現の手段とするような生き方を善とする性格のことであった。

マキアヴェリは、その書物では、まだそのような生き方を「自由」とは表現してはいない。自由の原義には、古代ローマにおける奴隷身分からの解放があり、内容的には「勝手気儘」ということである。それは古今東西の思想において、概して道徳に反するとされるようなことであった。マキアヴェリ自身も、「自由を知った市民たちは統治の妨げになるから殺してしまえ」と述べている。ところが、その後、西欧近代において、この自由という概念の意味が取り上げなおされ、人間の本性でもあれば理想でもあるとする新しい倫理が生まれてきたのであった。

†ホッブズとスピノザ

それが明確に意識されたのは、マキアヴェリのおよそ一〇〇年後、ホッブズが『リヴァイアサン』を書いて、近代市民社会の形成について論じたときである。

かれは社会の前提として、人間は自然状態では自由で平等であると主張した。自然状態は戦争状態であるとされるところから性悪説と誤って説明されることもあるが、かれにとって性（人間本性）は善でも悪でもなかった。善悪は、自由で平等な人間が戦争状態を脱して社会を形成するとき、その政治権力によってはじめて生じるものなのだからである。

自然状態では人々は他の生物と同様に自己保存のために何でもなし得るというだけのことで、かれは道徳以前の人間のあり方としての自由を、自然（本性）の事実の問題として論じたのであった。

さらにそのすぐあと、スピノザが『国家論』において、社会を構成する人々が、奴隷として管理されている場合よりも、自由であればあるほど社会は善いと述べて、自由を尺度として統治の善悪を論じた。このようにして、善悪という概念が、西欧近代哲学において、道徳におけるものとしてではなく、自由な個人とその個人が集合したものとしての社会との連関で議論されるものとなったのである。

†倫理的利己主義

ホッブズやスピノザの人間像は、性悪説ではないにせよ、「利己主義」であったとはいえるかもしれない。のちのベンタムも、利己主義であるとみなされているが、かれにとっては、みずからの快が苦を上回るように行動するのが自然（本性）なのであった。そこでは、愛や慈悲心による利他的な行為も、――わが国の「情けはひとのためならず」と似ているが――、みずからの快によると説明される。人間本性を個人の利害からのみ規定するという意味でのこうした理論上の利己主義（倫理的利己主義）を、道徳において問題となる利己主義、すなわち『クリスマス・キャロル』（ディケンズ）におけるスクルージのように、他人の利害や感情を無視して自分の利益をのみ追求する行動や生き方とは区別しなければならない。

倫理的問題が生じるのは、ひとが状況に応じて利己的であったり利他的であったりするからである。ひとは自分の利益を取るか他人の利害に配慮するかで迷う。それに対し、ひたすらに利己的であろうとするひとは、利他的なひとによって支えられることを要求するであろうし、ひたすらに利他的であろうとするひとは、同朋のために殺人や戦争をも辞さないであろう。利他性も利己性も、いずれも一貫してひとに推奨できるものではない。他人と自分の利害ないし感情のどちらか一方をしか考慮に入れないひとは、――それもひとつの生き方ではあるが――、いずれも倫理的であるとはいえない。

今日でも人間本性が利己的か利他的かと論じるひとはおり、しかも生物学的ないし進化論的に利他的行動が備わっていると論じる進化心理学者もいる。その錯覚は、生物の行動を個体において捉えるところにある。多くの生物は群れとして共通した行動、共同する行動をする。それは「利他的」という道徳的な用語を使用するのに適切な行動ではない。しかも、生物本性に利他性が見出だされるということが、なぜ人間一人ひとりにとって自分の利他的な判断を肯定することに繋がるのだろうか。それでは本能によって親切にしているだけで、自分の善意や配慮は関係ないことになる。しかも、それは裏返しに、利他的な行動をしないひとは淘汰されるべきだとする優生学を主張していることになるのではないだろうか。

なお、倫理的利己主義の人間観を批判するひとは、それとは異なる「自己」が明確に捉えられるものであることを前提としているが、日常経験においては自己の範囲は茫漠としている。哲学的には、ヒュームがしたように、まず自己とは何かを問題にし、他人と自分がどのようにして識別され、配慮されるようになるかというところから考察を始めなければならないであろう。

†中国と西欧

以上をふまえるなら、西欧における倫理の概念は、古代中国思想から切り離して理解しなければならない。

古代中国では、人間は、孟子のいう性善か、荀子のいう性悪かと論じられていた。ひとの道を行うにあたって、一人ひとりはその生まれながらの性質に即してそれを行うのか、それに逆らって行うのかと問われていた。その違いによって、どのようにして道を実現するかの方法が異なってくるからである。そこでは善悪自体が何であり、どのように規定されているかは問われず、超越的にまず与えられていて、一人ひとりがそれに適合しているかどうかでその評価が決定され、あるいはどのようにしたら適合するかが教えられていた。

これに対し、西欧近代においては、ひとの評価は、その行動が社会にどのような影響を与えるかによってなされる。一人ひとりはまず「個人」であり、個人にとっては宗教も政治も経済も法律もみずからが選択すべき主題なのであって、その選択をすることができるように自由であるということが、事実としても価値としても先立つとされた。だからこそ、心神喪失者なども含めて、自由でないひとは、悪いことをしても責任は問えないし、善いことをしても賞賛され得ないと考えられたわけである。

†カントとベンタム

西欧倫理学の代表者、カントが道徳法則を論証しようとしたのは、以上のような理由からであった。かれは、道徳が「モーセの十戒」のような宗教的命令ではなく、個人の観点から、自由な理性的主体が善をなす条件として、自然と同等に理性の認識する法則性に基づくものでなければならないと考えた。どの道徳が正しいか、ひとはどのように振舞うべきかではなく、道徳と呼んでひとに要求し得る「義務」を規定する必然的な条件は何かということを論じたのであった。

かれは、幸福を目指し、何かに熟練して技量を得たり、利害を計算して賢く振舞うことは、必ずしも真の道徳ではないと主張する。道徳としてひとに向かって義務を要求することができるのは、その行動方針が、どのひともおなじ方針で行動して問題が生じないような場合にかぎられるというのである。自分を含めてだれに対しても推奨できる道徳的義務があるとすればそのようなものしかなく、熟練や賢さのような、それ以外の行動は他人に道徳として要求することができないのである。

他方、義務よりも幸福を第一とするベンタムが功利主義を唱えて、自然とは別の原理の法律を論じたのも、宗教が個人の自由を排除することを阻止しようとしてであった。ベンタムの倫理学は、現代でいう「現在バイアス（眼のまえの小さな利益を優先するバイアス）」を病的とみなすほかは、幸福計算（快が苦をどの程度上回るかの計算）に基づく行為と、それが正の値になることを善としている。

動物とは異なった自由で理性的な個人として、動物の社会を規定する自然法則に匹敵する道徳法則によって成り立つ社会を構想したカントに対し、動物と人間を連続的に捉えたベンタムは、自然法則に留意するのと同様に法律に留意していれば多くのひとが幸福になれるような社会を構想した。

正反対に見えるであろうが、カントはみずからの行動方針に従う意志によって、ベンタムは司法の力を使った体系的法制度によって、両者とも、すべてのひとを自由な個人にすることが社会の善であると前提していた。これが、――一八八五年にジャン＝マリー・ギュイヨーが『義務もサンクションもないモラルの試論』という本を書くまでは――、西欧近代の倫理学の核心的主題だったのである。

†自由

西欧近代の倫理学は、以上のようにして、自由な個人による態度決定を前提として「倫理的なもの」の意味を探求し、旧来の、一人ひとりの勝手気儘（自由）を抑えようとする道徳の教えと対決する思想となった。道徳を指し示して人々に教えるような学問ではなく、哲学として「善とは何か」を問い、道徳の起源や正当性を論じるものであった。

このようにして倫理は宗教から切り離され、さらに政治や経済や法律から切り離された。善悪が世界のはじめから与えられているのではないのだから、個人が自由であることによって社会に何が起こるのかを、個人が集まって形成される社会秩序の論理から探究されなければならないし、そのことを通じて一人ひとりのなすべきこと（当為）が決められなければならないとされた。西欧近代の倫理学は、道徳的命令や道徳的習俗とは異なったものとして、いつの時代、どの社会でも成り立つという意味での普遍的倫理を求めていたが、そこに近代哲学の真骨頂があった。

この倫理学においては、「真の道徳」は主題でも前提でもないのだから、不道徳(インモラル)や非道徳(アモラル)も単なる道徳の欠如ではなく、社会と個人の関係において捉えられる。その結果、真になすべきといえる行為があるのかという問いや、なした行為をどうやって評価し得るのかという問いが生じてきた。真の道徳ではなく、倫理的なもの一般についての思考の枠組、カントの道徳法則やベンタムの幸福計算ばかりでなく、アダム・スミスの道徳感情論、さらにはG・E・ムアの直覚説やC・L・スティーブンソンの情緒説やR・M・ヘアの指令説など、道徳の起源や条件や可能性を探究する哲学が西欧近代の倫理学となったのであるが、これこそがわれわれが明治以降に受け容れようとした「倫理学」なのであった。

2 わが国の倫理学

†輸入された倫理学

「倫理学」という名称は、明治時代、西欧の諸学問が導入された際に、哲学や科学などと並んで、エシックスの訳語として井上哲次郎によって採用されたという。エシックス（倫理的なもの）を指すのに、わが国では、漢籍の教養を持つ当時の学者たちによって、中国語である「倫理」が採用されたのである。

しかしながら、その倫理学の対象としての「倫理的なもの」は、エトスという西欧の伝統的概念がそのまま翻訳されたものに過ぎず、――かといって中国語の「倫理」でもなく――、西欧的伝統において思考されたものでしかなかった。今日わが国の社会に見出だされる倫理的なものも、西欧における捉え方がそのまま適用されたものにほかならない。そうしたものが真に日本の社会にも存在するかどうかは別の問題である。

それでもなお、西欧における伝統をふまえ、わが国において倫理学と呼ばれた学問は、善とは何かといった、そこで提示された諸問題に解答を与えようとしてきた。今日なお倫理学は、それに現代アメリカの倫理学を加えただけで、西欧の哲学者たちの論じてきたエトスないし、西欧の倫理学の歴史についての研究であることが多い。

それにしても、「倫理」という語で考察されているものは、日本の伝統において人々が生きてきたものというよりは、西欧近代文明およびそれが世界的に広まったなかで生じてきた人々の倫理でしかなかった。地球温暖化やＳＤＧｓやダイバーシティ（多様性）など、それら外来の概念の政治的導入が人々の行動と生活の多様な変容を引き起こして、わが国における倫理的なものを動揺させるにしてもである。

今日、「倫理」という語で人々が語るものには、東洋的概念と西欧的概念の素朴な混淆がしばしば見出だされる。実際、輸入されただけの西欧的概念がよく知られないままに使用されるようになった結果、世間での議論には、伝統的なものと西欧的なものとが夜空のサーチライトのように錯綜し、建前と本音として、今日でも首尾一貫しないさまざまな倫理的主張になって出現してとめどない。

†西欧倫理学の受容

それにしても、である。西欧倫理学の根底にある自由な個人の前提は、すでに明治期、わが国において倫理学を受容する際に、すでに大きな問題として意識されていた。われわれはすっかり忘れてしまっていることであるが、個人の概念も、自由の概念も、平等の概念も、当時の日本人にとっては未知のものだったのだからである。

たとえば福沢諭吉が「天は人の上に人を造らず、人の下に人を造らず」(『学問のすゝめ』)と述べて西欧の人権思想を紹介しているが、おなじ「天」という概念によって、江戸初期に林羅山が「天は尊く地は卑し」(『春鑑抄』)と述べて身分差別を肯定していたのだから、随分と無理があった。むしろ、佐久間象山が「東洋道徳、西洋芸術(技術)」と述べたように、西欧には道徳が存在しないと捉えられていたのであった。

しかしそのような混乱は、漠然と意識されていた日本の伝統的な倫理が、ただ「胸に手を当てて」考えれば済むようなものではなくなったということでもあった。西欧哲学の一部門である倫理学に対し、それを輸入した明治の思想家たちは、西欧の哲学者たちが前提していた「倫理的なもの」と、わが国伝統における「倫理的なもの」の差異に戸惑いつつ、西欧とはやや異なった方向に舵を切り始めた。

わが国の倫理学を基礎づけた和辻哲郎は、西欧的倫理と日本的倫理の差異を主題とし、西欧哲学の諸概念と論理を使って、日本における「倫理的なもの」を表現しようとした。

かれはまず『倫理学』において、個人は実在しない、真に存在するのは「間柄」であると述べ、さらに『日本倫理思想史』を書いて、わが国において伝統的に生きられてきたエトス、ひとの生き方や社会のあり方についての、日本における「倫理的なもの」を歴史的にあきらかにしようとした。

わが国には、古代ギリシアのロゴス（論理）を基礎に据えた西欧の学問のような明晰さはなかったものの、中世の仏教思想家たち、近世の儒教思想家たちが倫理的なものを主題として徹底的に議論していた。とりわけ国学思想家たちは、長い歴史をもつ文学や芸能をテキストにして日本人の生き方を探究していたのだったが、和辻は、『日本倫理思想史』

において、それを西欧的なロゴスによって明晰なものにしようとしたのであった。

†現代日本の倫理学

その結果、今日、わが国には、もっぱら西欧の倫理学を紹介し、その延長で現代の倫理的諸問題を検討しようとする倫理学と、西欧の倫理学と対決し、日本の伝統思想をふまえて現代を理解しようとする倫理学の二つの伝統ができた。さらには、もっぱら西欧哲学の紹介と研究を旨とする哲学科の伝統があって、この三者のあいだでは話があまり嚙み合わないという状況にある。とはいえ、現代の倫理学にとっての課題は、そのいずれが正しいかと軍配を上げることではない。ましてや日本古来の伝統的倫理をなお一層明確にして、それを現代において実現するということではない。

倫理学は、歴史を通じて揺れのない普遍的な倫理を発見しようと探求する一方で、今日の社会状況において自覚すべき倫理を見出だそうとする学問である。もはや個人の意志や平等や権利や義務といった諸概念を使用して理想的な社会秩序や正しい個人的行動を解明することではない。それらは西欧近代の倫理学において定義されてきた諸概念であり、パラダイム（一連の変化によって思考の対象や枠組が変わる一群の専門用語の体系）に過ぎない。西欧的倫理が必ずしも普遍的なものではなかったということがはっきりしてきつつある現代、倫理学は、翻って現代社会における世界共通の倫理を根拠づけるものについて論じるべきではないだろうか。

いまなお多くの倫理学者たちが、宗教であれ政治であれ経済であれ法律であれ、その手前にまずもって自由な個人がいて、それらに対して態度決定をするという、西欧近代の人間像を前提してさまざまな理論を組みたてようとしている。だが、そこには原理的な欠陥がある。というのも、自由な個人の反対語は奴隷であるが、ひとは、倫理的状況においては、完全に自由でもなければ奴隷でもなく、むしろその状況に巻き込まれてしまって普通である。独断的になって孤立することもあれば、嗜好物や周囲の人間に依存して身動きがとれなくなることもある。とりわけ、認知症や家庭崩壊や構造的貧困などといった、そこから自力で脱出することの困難な袋小路に入り込んでしまったひとたちに、自由な個人としての意志や平等や権利や義務といった概念のもとで対処しようとするならば、論理は空回りし、それによって決定されたことによって、現実はさらに混沌としたものになってしまうであろう。

†これからの倫理学

このような問題に対しては、西欧においては手続きの正当性や公正さへの配慮が求められ、哲学者たちはそれらが求められる根拠を、「理性」や「人権」という語で表現しようとしてきた。一般に、欧米のひとたちは、「自分の判断の可能な境界はどこにあるか」、「起こり得る出来事の原因を自分がどこまで構成し得るか」といったような探索に向かう傾向がある。われわれならば、ただちに「他のひとはどうするか」とか、「ひとに共感されるかどうか」という探索に向かうのに対してである。こうした西欧における「知の優先」には、隣人愛がないかぎり、「自己責任」などといわれるように、失敗者への冷酷で無慈悲な処遇が伴うことが避けられないであろう。

もっとも、責任は自分が判断したことに対して負うものであるから、それに「自己」をつける必要はないはずである。わが国でことさらそこを強調した表現を使うのは、本来は家族や行政が支援すべきであって、失敗者の責任を問わないというわが国独特の倫理があるからではないか。「人権尊重」にもその雰囲気がある。とはいえ、共同体への敬意が伴われない場合には、以前から「自業自得」という表現もあって、村八分のような仕打ちもなされてきた。

もとよりわが国の伝統的倫理の核心には「情」があり、これを近世の思想家たち、伊藤仁斎が「誠実」、本居宣長が「真心」などと表現してきた。そこに参与する一人ひとりの心情の純粋さこそが、成功と失敗に対する栄誉と責任よりも重要だとされたのである。とはいえ、情には、たまたま目の前にいるひとの心情に思いを寄せてその救済を優先する傾向があり、これを一般化すれば不公平感に満ちた社会となることが避けられないであろう。「不公平」とは、平等ではないこと、すなわち特定のひとが、全員が納得できる理由がないのに、有利であることを指す。たとえば百人の行列の先頭になったひとの、気の毒そうなひとを自分のまえに入れてやるという情に満ちた行為は、うしろの九十九人全員のそれぞれが一人分の割り込みをされるという不公平を引き起こす。情のあるひとは、九十九人に我慢させるだけの理由があるかどうか、自分にはその九十九人を代表して決定する権限があるかどうかを考えようとしない。

こうした西欧的倫理と日本的倫理の対立について、夏目漱石は、『草枕』の冒頭で「智に働けば角が立つ、情に棹させば流される」と、みごとな簡潔さで述べていた。そしてかれは、それに続けて、「意地を通せば窮屈だ」と付け加える。

意地とは「思いを貫くこと」であろうか、西欧の「意志」に準ずるものではあろうが、意志はわが国では意思（自分の気持）や意欲（やる気）といった曖昧な概念と置き換えられて理解されている。たとえばひとに同意を求めるとき、理路整然と正しさを訴えるよりも、飲食をふるまってなし崩し的に諒解させようとする。「飲み込んで欲しい」というわけである。西欧では、意志は真理や正義に向かう精神の働きであって、ルソーのいう「一般意志」にせよ、カントのいう「善意志」にせよ、ニーチェのいう「力への意志」にせよ、善を目指し義務を受け容れるような精神的態度のことであり、これが倫理を構成するのであるが。

ともあれ、わが国の倫理学研究者が学問的探究をしようとする意志もまた「意地」であるかもしれない。その意味では、窮屈である。論証を捨て、情の世界で戯れることの方が気持がよいにしても、もし倫理について論証的に語るべきであるとしたら、われわれは、一人ひとりを縛るものよりは、だれしも否応なしに巻き込まれる倫理的状況から、むしろ一人ひとりが解放されることを促すようなものについて探究する必要があるからなのではないだろうか。

3 学問について

†学問的思考の不在

倫理学の任務は、実践における正しい倫理的思考がどのようなものかをあきらかにすることであろう。ただし、倫理的思考を倫理学的思考から区別しておかなければならない。

倫理について思考すれば、それがそのまま倫理学となるわけではないからである。

では、倫理学における「学」とは、何をどのようにすることなのであろうか。

一般に、学問は、概念を使用した推論によって成立する。学問とは概念の収蔵庫（アーカイヴ）である。概念とは、議論を通じて意味が同一にとどまる語のことである。日常の会話では、語の意味はイメージとして多義的でかつ類義語と重なり合っており、話題の展開に応じて、話者は自分でも気づかずに自分の都合のよいように意味をずらしていき、イメージの連想によってきれいな絵を描くことが目標になってしまう。それに対して、概念として語を扱うことは、議論する相手にその意味を確認し、あるいは定義して承認をもらったうえで、当初の意味からずれないようにしながら会話することである。それで、はじめて論証ということが可能になるのである。

ところで、わが国では、明治以来、数々の西欧の諸概念を導入し、それらに漢字という、もとは中国の概念を表示する文字をあてがってきた。それらの概念をふまえることによって学問の体系を整備し、西欧的な社会を形成してきたわけであるが、しかし、それらの概念はわれわれの経験に根づいたものではなかった。それで、今日でも、それらを使用して思考することには困難があるのではないかと思われる。

というのも、西欧と似た社会制度ができあがったものの、輸入されたに過ぎない西欧の諸概念は、換骨奪胎して使用されているので、できあがった社会制度がそのなし崩し的な応用でしかなかったからである。自由、平等、人権、権利、義務、責任、意志といった、社会のあり方、ひとの振舞い方を論じるための諸概念は、もっぱら制度を西欧風にするための強引な政策に対する不満を沈黙させるために使用された。意味がよく分からないがゆえに反論はし難く、逆に政府への批判に使用されるときには、牽強付会のお題目のようにして言葉の武器にされた。見かけ上の民主主義、見かけ上の人権意識、いまだに西欧の制度に形式を似せただけの社会である。

†鹿鳴館主義

現在ではさらにダイバーシティやレジリエンスやカーボンフリーといったカタカナ英語、SDGs、LGBTQなど英語のアルファベットを組み合わせた概念も使用される。漢字とは異なって文字から意味を推測することができないので、自分が読み聞きした文脈のなかで推測した意味で理解し、おなじように使えれば構わないとされる。それらの語を使いさえすれば、知識の豊富な進んだ考え方の持主とされる。

研究者のように見えることが教養のしるしであると考えられているのであろうか、研究者がしばしば原語を使うのは、原書における概念の意味が複雑微妙なので、辞書どおりに訳してしまって、自分でもあとから勘違いすることを避けるという配慮からである。公（おおやけ）にするときには、その概念の意味が読者に伝わるように工夫した日本語で表現するのが通例である。

明治の学者たちも、そのようにして西欧の諸概念を漢字熟語に表現したわけだが、しかしそれはそれで、西欧文化を中国文化に翻訳するという奇妙なことではあった。やまとことばでは西欧の諸概念を体系的な表記のもとに置くのが難しかったのであろう。それから百年以上経つのであるが、しかしそれらの語の意味も、漢字の意味から下手に誤って推測されていることが多い。

いずれにせよ、鹿鳴館主義と呼ぼうか、当時から西欧由来のものは正しく、進んでいるとされ、そこからずれたものは間違っている、遅れていると考えられてきたが、今日はカタカナ語やアルファベットも含まれて、いまなおそれは変わらない——たとえば「国際的に」というとき、それは「欧米において」という意味でしかないようにである。

†知識人たち

このような事態であるにもかかわらず、一人ひとりの思考に難点を見出だし、「理性的でない」とか、「主体的でない」とか、「自分で思考しない」とかいって、人々を叱咤する知識人たちがいる。

しかし、思考は、経験を反映した言葉によって経験を理解しようとするときにしか経験には根づかない。経験に根づいていない思考は空虚である。日本人が「自分で思考しない」としたら、それは理性や主体性に欠けるからではなく、われわれが、輸入された諸概念のくもの巣に囚われていて、概念と現実が乖離したまま、概念の示すとおりには運用されていない社会制度のなかを夢遊病のようにして生きているからなのではないだろうか。

いわゆる知識人とは、外国の諸概念を輸入し、それを中国概念の漢字やアメリカ概念のカタカナ語にして、上手に日本語に組み込んで語るやり方が得意なひとのことである。研究者であっても、西欧人やアメリカ人が生みだした概念を、われわれの経験に照合することなく、ただ翻訳して紹介することをもって学問としてきたひとも多い。

かくして、知識人と、ある種の研究者たちは、西欧人たちの経験が無条件に正しいかのようにしてさまざまなことを論じてきた。自分たちの経験を解釈しようとするのではなく、西欧人的な経験のシミュレーションをすることを、学生や読者に要求してきた。かれらにとって、「思考する」とは、たかだか導入した諸概念を組みあわせて目新しい文章を作るということでしかないが、その文脈で「理性的になれ」、「主体的になれ」などと叱咤しているわけである。

かれらの言説を重宝してきた人々も、外来の概念とその説明方式を紹介しているに過ぎない言説と、経験に根づいているがゆえに現実に対応可能な言説とを識別することができなかった。人々は、知識人たちの書いた書物を読み、輸入されたそれらの説明の仕方を記憶して、それらを公式のように使って、政治的ないし経済的に自分に有利になるような言説を産出する能力を培ってきた。思考するとは、たかだかそのようなことに過ぎないと思い込んできたのであった。

†学問の未来

学問を困難にしているこのような事情に加えて、いま、さらなる問題が生じてきている。一九世紀末に統計革命が起こり、二〇世紀なかばにコンピュータが発明されて統計処理が効率的になり、二〇世紀末にＩＴ革命が起こって、二一世紀初頭、ＡＩが普及し始めた。そうしたなかで、知識の生産が概念の整理や推論によってではなく、ＡＩによるビッグデータの処理に取って代わられつつある。一六世紀頃に確立された近代知の思考様式が優勢ななかでも、二〇世紀の後半から、データを取ってそれを付き合わせるだけで何かが分かるという様式の思考が、いたるところで試みられるようになった。

「集合知」などと呼ぶひともいるが、しかし、それで真理が発見されるのだろうか。否、旧式の「真理」が廃れ、総当たり的なデータの照合によって新たな知見を見出だすという、コンピュータが役立つような真理に交替しつつあるということなのだ。このような真理のためにIT、AIが開発されてきたのであり、従来の様式の思考をする旧いエリートたちを一掃しようとしている。

はたして倫理学もこうした真理を見出だすように努めるべきなのであろうか。それが倫理学の「進化」なのであろうか。世界各所で呈示された倫理的問題の解決に関わるビッグデータを集め、問題が解決される確率の高いものこそが倫理学的真理であるとすべきであろうか。とはいえ、そうとしても、AIに倫理学的思考とされるものが何であるかを教えることが、まず先であろう。

4 倫理学の今日

†倫理的思考

では、倫理学的思考ということで何を想定すべきなのであろうか。

しばしば倫理学は「真の善」を探求して（追い求めて）、倫理的問題に対する正しい解決を提示すると考えられている。「正しい解決」とは、ここでは真の善を認識して、それによって正当性が確証される解決のことである。

とはいえ、今日、倫理学にそうした善の定義を期待しているのは旧いタイプの人間であり、そのようなひとたちがそれを使って若い世代に旧い行動様式や旧い生活スタイルを押しつけようとしているだけかもしれない。倫理学書を引用する場合も、自分たちの生活を快適にするために、他のすべての人々の行動を制御する材料ないし言いまわしをそこに探しているように見える。これでは政治、ないし宗教である。

確かに「倫理」と称して権力や信仰を押しつける政治家や教師や年寄りたちがいる。学問としての倫理学は、それとは異なって、根拠を示して論理的に真の善を与えるべきである。ところが、これまでのところ、決定的な倫理科学が出現して倫理的諸問題を解決してくれた、とはなっていない。すでに見たように、その空白地帯に、脳科学や進化心理学やゲーム理論や行動経済学の自称専門家たち、そして凡百のマナー講師たち、自称哲学者たちが進出し、根拠のないモラルを流布させようと競い合っている。

なぜにそのような似非倫理学的言説が力をもつことができるのか。有名な倫理学がすでに書かれているのに、なぜ人々はそれに目を通そうとしないのか。

アリストテレスの『ニコマコス倫理学』？　スピノザの『エチカ』？　カントの『道徳

形而上学の基礎づけ』？　フーコーが唯一の倫理学書と請け合っていたドゥルーズとガタリの『アンチ・オイディプス』？——目を通さないから、だれも倫理学の教える真の善を知らず、したがって倫理的諸問題の正しい解決がなされていないのではないか。

†倫理学書が読まれない理由

聖書は多くの欧米人が読む倫理の書である。欧米人たちの多くは、文学や映画で表現されるファンタジーを通じて「真の善」を知っていると信じている。神との対話における「良心」や、隣人愛（アガペー）に基づく「慈善」のファンタジーである。善良な民衆が結束して、あるいは選ばれたヒーローが超人的な力を奮(ふる)って、最後に平和な秩序が訪れる——われわれにとってはただの面白い物語に過ぎないが。

それに対し、学問として真の善を与える倫理学書は、理論的であるだけに難解で、理解されないでいるように見える。否、倫理学に期待するのが間違っていて、どこかにそうした書物があるとの幻影を見ているに過ぎないのか。

シェイクスピアの「善いは悪い、悪いは善い（きれいは汚い、汚いはきれい）」（『マクベス』）という有名なフレーズのように、状況に応じて善は悪に、悪は善になり代わるばかりで、善に根拠はなく、したがって真の善もなく、倫理は文化と時代によってその基準が変遷するばかり、倫理学者は虚しく不在の目的を追って彷徨(さまよ)い続けているだけなのか。

　それであるにしても、いたるところに悪が見出だされ、いつも人々の話題の種になる。ということは、その反対語の善がどこかにあるに違いない。善が実現されているところではだれも善を口にしないであろうが、悪がある以上、「善とは何か」という倫理学の問いが消えてしまうことはないだろう。

　西欧には、神という善なる創造者が地上になぜ悪を出現させたのかについて論じる「弁神論（神義論）」（ライプニッツ）と呼ばれる議論があった。なるほど、絶えず窃盗や暴力やレイプや殺戮が起こってきた。それでも人類が豊かで安全な生活を送れるようになってきたのであるから、他の宇宙に較べてこれが最善だったという説もある。善をもっと望むことで、かえって悪が増えるのかもしれない。とはいえ、これ以上の善が望めないとすれば、その思想は一種の「諦(あきら)め」なのかもしれない。

　だからであろうか、それらの悪を、悪としてではなく、「運命だ」とか「仕方ない」と表現する思想もある。そのように考えるならば善も存在しないわけだが、しかしそれでも倫理は存在する。そのように受けとめるべきだという発想や姿勢それ自体が倫理なのだからである。仏教には「四諦」、道教にも「無為自然」がある。倫理学が必ず「真の善」を探求するとはかぎらない。

†真の善の探求

結局、今日の倫理学の抱える問題とは何か。第一には、真の善が論証された倫理学書がすでにあるが、難解であるから普及しないということか。第二には、そもそも真の善が存在せず、善が相対的だから倫理学書がないということか。第三に、真の善の探求に意義がないからそれを探求する倫理学書が読まれないということか。そのいずれかであるに違いない。

第一の理由によると考える読者は、多くの倫理思想の入門書や解説書があるので、そちらを読んでいただければと思う。古典的な倫理学書が概説され、いずれが真の善を表現しているかは読者に委(ゆだ)ねられるのが通例である。第二の理由によると考える読者は、プロタゴラスのような哲学者がいるので、そうした思想を紹介する書物を読んでいただければと思う。善は相対的であるとはいえ、人間の常識的判断の範囲内にあるという思想である。拙著『いかにして個となるべきか?』で書いたことも、それに近い文脈にあると思う。しかし、倫理学そのものを問う本書では、第三の理由、真の善の探求には意義がないかもしれないということについて検討していくことにしよう。

第三章

倫理学の根本問題

1 倫理学は政治なのか?

†真の善

　倫理学とは何か。もとより、学問とは真理の探究である。その意味で、倫理学は真の善の探求であるといって間違いではないであろう。とはいえ、倫理学的思考も、その対象である「倫理的なもの」から除外され得るものではない。この章では、倫理学的思考の倫理的意味について検討していこう。

　ところで、学問は概して研究対象に対して理論が合致することをもって真理とするが、倫理学の場合はそうではない。まずは見出だされた真の善が、宗教や政治や経済や法律にとっての善と合致しない。宗教はみずからのドグマに従って教団の倫理をもち、法律には法曹界の人々が遵守すべき倫理がある。なかんずく政治や経済が善とするのは、国民教育や世論誘導や消費喚起に利用し得る倫理である。学問によって見出だされた真の善がそれらに調和するはずがない。

　だが、真の善は、胸に手を当てて見出だされる世間日用の常識的な善とも対立する。世間日用において「善い」という語の意味は、「もう善い」や「どうでも善い」まで含んで、多様で曖昧で首尾一貫していないが、倫理学はそれを明確にしようとするのだからである。そこで見出だされる真の善は、世間日用の善のうちから偽なるものを排除しようとする。真の善は、宗教や政治や経済や法律ばかりではなく、世間日用の倫理を対象として、学問の倫理と論理に従ってそれらを批判しつつ見出だされるのである。

「真なるもの」は、原義としては「忘れられないもの」や「ヴェールを剥がされたもの」などがあるが、神の命令や英雄の歴史など、元来は宗教や政治の独占物であった。それに対し、古代ギリシア以来の学問において、対象を真であるとすることのできる「本質」の定義とされるようになった。それによって諸対象の真偽の基準が設定されるもののことである。

したがって、見出だされたものが真であるということは、他の学問では対象が幻想や妄想や曖昧さから分離され、生み出された理論が対象の本来の姿と合致するということであるが、倫理学の場合には、世間日用における善、「善いひと」、「善いこと」、「善いもの」、「善い行い」、「善い出来事」などという文脈において経験される善に対して、そこから不善や偽善を分離すること、「悪い」とされるときにはそこから善の要素を掬い出すということになる。そのうえで、それに先立つ真の善を、一言をもって示すのである。

真の善は、世間日用の善と合致しないばかりではない。その修正を要求する。倫理学が他の学問と異なるのは、研究対象に理論が合致することを目指すのではなく、研究対象を理論に合致させることを目指すところにある。真理を教えるという意味での「啓蒙」ではない。倫理学には、その研究によって見出だされる善が社会で受け容れられるべきだという倫理（真の善は知識）が、対象である善という概念の性格上、いつのまにか付け加えられてしまっているのである。だが、そのこと自体は、はたして善いことなのであろうか。それでは学問ではなく、政治になってしまうのではないだろうか。これが、倫理学の第一の根本問題である。

倫理学は、他の学問が真という価値のもとで知識の探究を主題とするのに対し、真のみでなく、善という価値の探求を主題とする。知識については真なるものを得なくてもひとは生きていけるが、善については、「正されなければならない」ということが伴う。ひとは、相対性原理を知らなくても生きていけるが、不善をなすひと、偽善をなすひとは、「悪をなしているとしても善い」とはならない。語義矛盾というばかりではない。善悪の差異は不可侵のものとして一切の倫理的判断の根底にある。たとえ「善きも悪しきもない」という主張であっても、そうした思考ないし生き方を善としている。

このようなことは、美という価値を扱う美学においても起こる。だが、「美しくなければならない」とまではされない。醜い事物はやむを得ないものとして放置され、醜さに対比して、あるいは醜さのなかにこそ美が発見される。美しくみせかけるだけのものも、醜いというほどのものでもない。さもないと、――ソクラテスが述べていたように――、化粧されたものは醜いということになってしまい、だれも化粧をしなくなってしまうだろう。なお、そこに善の価値を混ぜあわせて、醜いことを悪とするなら、今日ではルッキズムとして非難されるであろう。

幸福という価値についてはどうか。不幸である場合、幸福になるように努めなければならないか。しかし、「ひとはだれしも幸福を求める」という古来の命題は、ひとは何かを求めるという「何か」を幸福と呼び代えているだけである。それが何かはひとによる。一般に幸福の条件とされる富や権力や信仰や健康や家族は、それを求めないからといって不幸というほどのことでもない。そもそも、ひとは何かを求めるべきだともいえない。逆に現状維持を望むひとはみな幸福なのであるのに、アリストテレスのように幸福は善であるとするから、ひとは幸福になるように努めなければならないということになるのである。

それらに対し、善は特別である。善の概念には、それを実行し実現することもまた善であるということ、かつまた人々に訴えてそれを実行し実現するようにさせなければならないという義務が必然的に含まれる。その結果、倫理学は、宗教の善、政治の善、経済の善、法律の善ばかりでなく、さらには世間日用の常識の善を批判するその裏面において、みずからの倫理学における真の善の実現を人々に要求する。そして、それに加えて、真の善を見出だすみずからの倫理学が善であると前提する。善い倫理学であれば、それが見出だす善を実行し実現することは善く、そのために人々をその善に従わせることは善い。このことは、真の善の探求において生じる論理的な必然であり、そこにこそ、プラトンの有名な主張、「哲学者が王になるか、王が哲学者になるか」(『国家』)という主張の意味もあったのであろう。

†真理政治

しかし、もし倫理学者に「哲学者が王になるべきだ」という主張ができるとしたら、それは見出だされた善が、「善のイデア」のように時間と空間を超えて、どの時代どの文化でも成立する普遍的な真理であるということでなければならない。さもないと、それは宗教的ドグマであるとしかいえない——倫理学の起源には宗教が含まれていたのではあるが。

それだけではない。それは、政治が真理によってなされなければならないというもうひとつの倫理（真の善は統治）があるということを同時に主張していることになる。先史時代には呪術師の真理のお告げによって政治がなされていたであろうし、歴史上でも、サヴォナローラの神権政治やレーニンの共産党独裁があった。軍事力や富や権力欲や組織の利益によってばかりでなく、真理の名のもとに行われる政治――具に検討すれば、そうした事例は歴史のなかに無数に見つかるであろう。哲学者が真の善を説きながら、世間の人々にその実行を迫るとすれば、それは、かれの論考が真理であろうとなかろうと、それ自身がすでに宗教や政治だからなのであり、ひとつの産業（経済）となることができたときであろう。

現代の学問においても、学問の倫理規定のもとにありながら、学界のドグマがあり、学界内でのポジションを巡る政治があり、そこで地位や職業を得て自分の所得を増やそうとする産業（経済）がある。そして、その学界の発展のために、社会全体の宗教や政治や経済や法律に干渉しようとする傾向がある。もし、学問は人類の崇高な営みなのだから特権が付与されるべきだと前提している研究者がいるとしたら、それは学問的主張ではなく、宗教的主張でしかない。そして、もしかれの学問的成果が政治に受け容れられ、活用されるようになった場合には、かれの学問はイデオロギー製造装置と化してしまっているのである。

†宗教と政治と経済と法律

学問は、宗教や政治や経済や法律に対立することもあれば、利用されることもある。倫理学に特にその傾向が強いとすれば、それは宗教も政治も経済も法律も、元が倫理なのだからである。倫理とは、人間が相互に関わるところ、集団を形成するところにある秩序なのである。

それゆえ、倫理学は、宗教と政治と経済と法律を含む人間経験の全体について考究するのだが、しかし倫理学は、宗教、すなわち信仰を通じて共同体を維持発展させて人々を安心させようとする営みとは異なる。政治、すなわち目標を共有して党派を作ったり人々を動員しようとしたりする営みとも異なる。経済、すなわち有用なものを作ったり人々をよい気分にさせたりして対価を得ようとする営みとも異なる。法律、すなわちルールと罰則を決めて人々が守るべき秩序を作ろうとする営みとも異なる。

倫理学は、宗教のように人々に圧力をかけて一種類の振舞のなかに閉じ込めようとしたりするものではないし、政治のように人々を動揺させておなじ方向へと進ませようとしたりするものではないし、経済のように人々を興奮させて堂々巡りのなかで右往左往させようとしたりするものではないし、法律のように人々に罰則への恐怖を与えて行動を制限しようとしたりするものではない。

とはいえ、倫理学が探求する真の善は、宗教や政治や経済や法律の前提する善と明確に区別することが難しい。宗教や政治や経済や法律の諸問題は経典読解や暴力ないし多数決や弁済交渉や条文解釈等々によって解決されるが、倫理的問題の解決とは、それらの領域の問題に解消することでしかないのであろうか。

それら、宗教倫理についてはマックス・ウェーバー、政治倫理についてはジャン＝ジャック・ルソー、経済倫理についてはアダム・スミス、法律倫理についてはジェレミィ・ベンタムなどというように、古典的な思想がある。これらはみな、その領域における倫理がどのようなものかを解明し、その問題を解決するために始原的倫理が歴史的に発展して生じてきた理論であるともいえる。

それでも、かれらに学ぶことによって、その裏返しとして、現代になお残る純粋倫理を、宗教や政治や経済や法律から切り離して考えることができる。すなわち、本来倫理学が探究すべき「純粋倫理」という領域があって、そこに普遍的なものとしての善が存在する。西欧近代において、宗教と政治と経済と法律が倫理から分離されたが、倫理学的思考は決してそこへと移転してしまうことはない。倫理的問題はなおそれら諸問題の余白に、それら以外の一切の残余として漂(ただよ)っている。

†純粋倫理

純粋倫理については現代にも多数の思想家がおり、わたしの関心もそこにあるのだが、信仰告白のような倫理学説が多い。そこでは、概して愛や共同体といった理想が語られる。それぞれのひとの感性も知性もみな違うのに、それを超えてチーム一丸となってことがらに対処するという夢のようなひとときと、あたかもそれぞれのひとが手足のような立場をみずから引き受けて全体に奉仕する……。

しかし、それは稀有なことだ。何らかの危機に際してであることが多い。そのさなかにすら、そうした奉仕を断るひとはいるものだし、出し抜こうとするひと、盗もうとするひともいる。やがてその危機も去れば人々はいよいよばらばらとなり、再び諍いの日々が始まる。家族であれ、組織であれ、社会であれ、何らかの目的をもっておなじ方向に向かおうとするにしても、怠けるひとには苛立つし、優れたひとには嫉妬する——信仰や権力や金力や規則でもって、人々はかろうじて組織や家族の解体を妨げようとはするけれども。

それでもなお「繋がり」を重視し、訪れる危機を誇張して全体が復活する理想を説いて団結を迫るものがあるとすれば、それが宗教なのである。共同体など、人間は群れなのだから放っておいてもできるし、愛の観念があれば、それだけもめごとの種が増えるようにも思われる。それなのに、なぜひとは他の人々に全体を目指すように強いるのか。なぜ理想からの欠如でもって現在を測るのか。理想のために人々は争い、それによって団結して、同胞のために戦う。一旦戦いが始まると、同胞の自衛のため、殺された同胞の復讐のために、またそれが双方にあって、人々はだれも抗うことのできない戦争のスパイラルに閉じ込められてしまう。戦争を狂気とみなすのは、戦争の外部、戦争のあとにおいてでしかない。戦争は倫理的なことなのか、反倫理的なことなのか——国家の勝利という「真の善」に向かって人々を駆り立てる政治。

倫理についての思考は、両刃の剣である。倫理を何らかの社会秩序と捉えて人々の意識をその維持に向ける立場もあるが、純粋倫理についての倫理学は、それとは一線を画さなければならない。狂信者や独裁者の圧制のもとにも社会秩序はある。それに抵抗するのも倫理である。秩序の形成に際しても崩壊に際しても、善と悪とがあり、その実相をあきらかにする必要がある。倫理学は、少なくとも、ドグマやイデオロギーやファンタジーやルールから身をもぎはなして思考するためにあるのではないだろうか。

多くの学問は、みずからの内部に目的と方法と倫理をもち、建前のうえでは宗教や政治や経済や法律と無関係な営みとしてなされる。だが、倫理学は、「倫理科学」として、他の学問、とりわけ自然科学と同等の社会的ポジションには置かれ得ない。倫理学者は、宗教や政治や経済に利用されるままになるか、政治や経済、さらには宗教や法律を批判するかの二者択一に迫られる。みずから政治リーダーとなって社会に善を訴えるべきか、それとも政治や経済に惑わされないで学問の倫理のなかに閉じ籠（こも）っているべきなのか、倫理学を志（こころざ）すひとのためらいがそこにある。

2 倫理学は何もできないのか？

†倫理学のポジション

実際は、どうだったのか。

わが国の倫理学は、西田幾多郎や和辻哲郎といった哲学者たちも含め、かつては若者たちを戦場へ導くこともしたが、第二次大戦以降は、ほとんどこの国の政治から距離を取っていた。学校教育において、高校「倫理」というテリトリーはあるが、小中学校の「道徳」という科目は政治によって設定されている。応用倫理に関しても、法律制定や政策立案の審議にはほとんど関わっていない。二〇世紀後半に流行した実存主義がある種の倫理学ではあったが、——左翼の青年たちに政治活動を勧めたにせよ——、学問的にはただ問いかけだけで終わったように思う。

学問は本来、他のさまざまな言説と並ぶ言説の一種として、人間の社会活動の一部である。学問を維持しているのは学界というマイノリティの集団であり、大学や研究機関のような組織において一人ひとりが研究を推進し、その功績としての知識によってその集団は存続する。そのために、学問の倫理(研究者倫理)が守られている。しかし、学問という活動が社会のなかでどう受けとめられるかは、学問それ自体によってではなく、政治や経済によって決まる。

現代の学問の多くが「科学」と呼ばれるようになったのは、フーコーによると、一九世紀後半、政治家や産業資本家のようなマジョリティの利益のために科学者階層が形成され、真理の名目のもと、政策や産業に有用なさまざまな公式と言説を生産するようになって以来である。大学や研究所が設置され、学問に対する政府や企業の出資や後援が、真理を探究しようとする人々の生活を支えてきた。

自然科学における真理探究は、そうした状況のもとで大きく発展したが、思想系の学問は、政治や経済にとって特に重要ということもなく、むしろ対抗的であることも多く、排除される傾向にあった。思想系の学問に意義があるとみなされるのは、政府が教育によって国民の意識を変え、あるいはメディアの操作によって国民の不満を沈黙させようとするときなのだからである。

真理は社会に受け容れられるべきだという倫理は、宗教や裁判（法律）においては一般的であるが、しかし思想系の学問についてはそうは理解されていない。学問は教育制度に組み込まれ、メディアで喧伝されて、政治や経済に役立つかぎりにおいてしか尊重されない。少なくとも、受験生の事務能力を評価する各種テストの作成に役立つから、いまだ消滅しないでいるというだけなのかもしれない。

†学問の倫理

もとより学問とは真理探究である。特定の学問的知見が宗教や政治や経済や法律に都合のよい場合もあるが、そのように期待される知見のみを追求して、学問的ないし社会的な問題点に目を瞑る（つむ）ならば、それはむしろ学問の倫理に反する。

学問の倫理には、剽窃してはならないとか、引用や根拠や証拠を明示しなければならないとか、論理的に首尾一貫していなければならないとか、他のひとの研究を妨げてはならないなどがあるが、これらは学問が真理探究という営みからはずれないでいるための倫理規定である。そこに、宗教的、政治的、経済的、法律的に偏向してはならないということも含まれる。

そこでは、真理探究それ自体は善であると前提されているわけだが、しかし、社会との連関において学問が悪であるということもあり得る。たとえば、関与するひとの人権を損なったり、民衆を煽動したり、パンデミックを引き起こすウィルスや原子爆弾のような兵器を製造するのに役立つのであったらどうであろう。

とりわけ倫理学においては、真理探究が善であるとはかぎらない。真理を暴露することがひとに絶望させることや、災いをもたらすこともある。ソクラテスが死刑にされたように、ある種の宗教にとっては悪となる。もし真の善が特定宗教の布教に役立つものであったり、特定政党への投票を促すものであったり、特定階層の富を増やすものであったらどうであろう。そしてまた、たとえば宗教の信者が家族の資金までも寄付することが真の善であると主張する倫理学があったなら、あるいは戦争を引き起こそうとしている政治家を暗殺することが真の善であると主張する倫理学があったならどうであろう。

そのような主張は、所詮宗教や政治や経済のプロパガンダであって、真の学問のすることではないといわれるであろうか。だが、論証においては、採用される前提次第で結論が変わる。学問の倫理に反していないならば、結論が常識に反するからといって、その学問をただちに似非(えせ)学問として退けることもできないのである。

†学問と政治

学問はしかし、本来は、常識を覆すところにこそ意義がある。常識に対して、学問（諸科学）は新たな知見をもたらしてきた。雷の現象を、ゼウスの怒りや雷神が叩く太鼓であるとしてきた「常識」に対して、フランクリンが凧をあげてそこに電気があることを見出だしたわけだが、その結果、電気の存在は現代の常識となった。電気の発見が現代の豊かな社会の形成に貢献してきた。

とはいえそこから、常識を覆すものがすべて学問であると錯覚してはならない。魔術や占いや陰謀論のようなものも常識を覆すが、それらは真理を探究するという学問の倫理に欠けている。しかしながら、世間で新たに常識になるべきことを決定するのは学問ではない。学問的知見が採用されるべきか、魔術や占いや陰謀論が採用されるべきかを決めるのは民衆であり、その宗教であり、政治である。学問を知らない人々にとっては、学問的知見と魔術や占いや陰謀論の主張との区別がつかないのだから、どちらが選ばれても不思議はない。

政治とは、人々の発想や行動を変えさせて集団の秩序を生み出そうとする社会活動であり、結果としてだれがヘゲモニーを奪取するかということがテーマとなる。それによって善い秩序が生み出されるか、悪い秩序が生み出されるかが決まるが、「善い秩序を目指す」ということはその活動のなかの一要素としてのプロパガンダでしかない。善い秩序がどのようなものかすらも、政治が与えるのだからである。

したがって、学問的知見がそこに場所を与えられるかどうかは成り行き次第なのである。学問が、真なるものを探求するかぎりのものであったとしても、それだけで善であるとはいえず、それが善であるかどうかは政治が決める。学問を善としたり悪としたりするのは、政治なのである。

倫理学という学問に関しても、常識に反した新たな倫理を提唱する場合、それを採用するかどうか決めるのは政治である。採用されるにしても、学問によって真の善が見出だされたという理由によってではない。学界における多数決によって推挙されるわけでもない。見出だされたものを真の善であるとするのは政治なのである。

†政治と倫理学

学問と魔術や占いや陰謀説のような非学問とを明確に区別することは、学問的素養を身につけた研究者によってのみ可能なことであるのだから、政治家および学問のない人々は、そうした研究者の意見に従って学問的知見を採用すべきなのではないかと思われるかもしれない。しかし、現実はそうではない。

学問に従事する研究者たちの社会的身分は不安定であり、その影響力は乏しい。研究者たちの身分と生活を支えているのは、学問それ自体ではなく、宗教と政治と経済と法律である。学問の成果は、学界において評価されるのとは別に、政治ないし経済において、都合のよいところをのみ評価される。そして、ガリレイの宗教裁判のように、結果として悪をもたらすとされる場合には、研究そのものが禁止され、排除される。

西欧近代においては、たまたまにして真理が政治に適用されるべきだという倫理があった。研究者を養成して産業や軍事や厚生に役立てようとしたし、また教育によって学問の成果を学習させた国民を育てようとした。そのような政治原理と近代的人間観があった。倫理学に関しても、近代的人間観に応じた倫理理論によって教育された国民によって社会が構成されることが善いとする政治が行われてきた。科学者の意見に耳を傾けるべきであるとする倫理は、この政治のもとで形成されたのであった。

従来になく学問が重視されたわけであるが、しかし、ヘーゲルが期待したように、そこから政治や経済が学問に解消されるというところにまでは到らなかった。なるほどヘーゲル哲学を受けたマルクス経済学によって共産主義という「真の善」による革命の倫理が導入されたが、レーニンによる政治的プロセスのなかでその善が空洞化されてしまったことはご承知のとおりである。真理政治は、やはり不可能なのであった。フランクリンのように学者が政治家になることもあったし、学問が政治に採用されることもあったが、政治が学問によって行われることはなかったのである。

3　倫理学は嘘つきなのか？

†倫理思想史

　多くの研究者は、学問は学問であるかぎり、社会のなかで一定の働きをするためのものではなく、まして政府に協力したりするべきものではないと考える。政治が学問をどう位置づけ、どんな学問的知見を善としようとも、みずからが政治になることを拒否する倫理学者は、学問の倫理に従って、宗教や政治や経済や法律の倫理、また世間日用の常識的倫理を免れていなければならないと考える。学問としての論理的整合性こそが重要であり、その理論が現実に適用されたときに善であるかどうかは無関係だとする。

　そうした理由から、多くの倫理学者が学問の世界に閉じ籠（こも）って過去の倫理学書を繙（ひもと）き、その解釈の真偽のみを論じようとしてきた。善の研究ではなく、善に関する思想の研究に身を捧げてきた。もし政治家や教師や年寄りたちや世間の人々が倫理学書の断片を自分たちの利害のために活用したとしても、それはその人々の勝手だというわけである。

本来の学問とは、「問いを学ぶこと」である。ある人々の与える「真理」をそのままに受け取ることなく、何であれみずから根拠を見出だして判断するためにそれを問いなおすことであり、そうしようとする人々を導く人類の知的遺産である。倫理学では、何がどのように善いのか、何がどのように悪いのか、そして何が真の解決であり、何が偽の解決、すなわち問題の隠蔽であるのかを、その根拠から思考する志を持つひとたちにとってのみ意義のある一連の問いと概念の集積なのである。

その意味での倫理学においては、古来倫理とされてきたものが、どのようにして与えられ、どのような権能をもって語られてきたか、そしてそれを語ることのできる空間がどのようにして拓かれてきたかが問われてきた。そうした問いのなかで、否応なく与えられ、気づかれないままに生きられている倫理的なもの、語られない善を発見することこそが重要であると考えられたのであった。

†きれいごと

とはいえ、倫理学は常に善に先回りされる。倫理学が、善について論じながらもその善を決して実現させようとしないとすれば、しかしそれは善くないことなのではないか。というのも、世間日用の善悪からすると、しばしば「口だけではだめだ」とされる。口先だけで実行せず、言い訳ばかりするひとは嫌われる。それは悪である。そこには、何かを主張したならそれは実行されなければならないという倫理（真の善は真言）がある。

確かに、実践しなくてもいい善など、語義矛盾であろう。ところが「大道廃れて仁義あり」（老子）というフレーズもあるように、世のなかにはびこるのは、こうした実践されない善ばかりであるようにも見える。きれいごとばかり。人々が口にする善は、それをいう本人も含め、だれもあまり実行しようとしない。むしろ、他の人々の行動や生活をなじるために、善という語が持ち出されるかのようである。してみると、倫理学こそ、その代表なのか。学問の倫理からはずれないでいようとする倫理学者は、口先だけのきれいごとばかりをいう鼻もちならない人物でしかないのか。

†言説の善悪

言葉もまた善であるべきことのひとつである。善である言説とは、文法的に間違いなく、語彙と用法が正確であるということのほかに、誹謗中傷しないこと、汚い言葉を使わない、敬語を適切に使う、約束を守るといったことである。そのひとつとして、伊藤仁斎のいう

「真実無偽」、すなわち「できることはできるといい、できないことはできないという」ような倫理もある。

しばしば「嘘は泥棒の始まり」など、嘘がそれ自体で悪いこととされるが、仏教には「嘘も方便」とあるように、それは普遍的なことではない。あるいはまた、嘘それ自体よりも、嘘をついて相手に損失を与えようとする意図が悪いともされるが、そうした内面での善悪が必ずしも相手に善悪をもたらすわけではない。言葉にされた悪意がひとを傷つけるのは確かだが、「嘘から出たまこと」ということもあるし、善意が善を実現するし、「善意が仇となる」というように善意が悪い結果を引き起こすこともある。善意や悪意といった内面の経験があることは否定できないが、それ自体の善悪よりも、それを言葉にしたり、それに由来する行動を実行したりすることによって人々のあいだに善や悪が生じることが問題なのである。

なるほど、悪意のような瞬間的な感情ではなく、嫉妬や怨念などの持続する情念（個人的受動的な感情）によって、陰謀や復讐のために嘘をつくひともいるであろう。だが、その場合も、悪いのは陰謀や復讐といった出来事であってその情念ではないし、言説としての嘘でもない。嫉妬や怨念の情念自体が「悪い」のではないかと思われるかもしれないが、それはその情念を嫉妬や怨念と名づけるからそう思えるのであって、それに類する感情が努力や創造を生みだすものとして表現されることもある。そうした場合は善い情念とみなされるであろう。どの情念も漠然としているだけに、――デカルトが『情念論』で分類していたが――、それらを分類させる「倫理」によって名づけられることで識別されるのである。

†内面なるもの

倫理学には、――善意（善かれと思う気持）とは意味が少し異なるがそれも含め――、善意志こそ善の本質であるとする動機主義と、善意志があろうとなかろうと結果が伴わなければ善ではないとする結果主義の二つの立場があるが、結果主義が正しいといいたいわけではない。感じたことをそのまま口に出し、あるいは行動として示す人々がいて、他方で想像や内語においてのみそれを展開し、それとは違ったことを口にしたり行動したりする人々がいる。内面とは、実在する心的領域のようなものではなく、プライバシーとして、想像や内語を隠すことによって生じる行動の二重性によって表象されるものにほかならない。

悪い結果となった行動に対して「善意からしたこと」であると弁明される場合があるが、その場合の「善意」は内面における善意志というよりは、直前の想像や内語である。想像や内語を、感情のありのままの姿として、あたかも神が覗き込んでいる心的領域であるかのようにして捉え、そこに善を要求する倫理は、その裏返しとして、善意志がありさえすればその行動によってどんな悪が生じようとも免罪されるという狂信者向けのドグマをもたらす。

それとは反対に、わが国では古来「清き明き心」を重視し、内面を持つことを「汚き心」として否定してきた。西欧の「内面」とは、ルネサンス以降の、良心としての神の声を聞き取ろうとするキリスト教的な概念にほかならず、内面とされるものがあるにしても、それはむしろ「神のみぞ知る」、すなわちだれからも見えず、自分自身でさえ明確には捉え難い生の感情、こういってよければ、宣長のいう「善くも悪しくも生まれつきたるままの心」のことではないか。

理論的に構築された精神の機能や、ましてその機能を神経細胞の回路に仮想対応させられた脳に還元することなく、嘘の善悪については、経験される出来事の諸知覚の関係に基づいて考察していくべきなのである。

†嘘

それにしても、しばしば「言行一致」が善いとされる。だから、口にしたことを実行しなかったとき、ひとはその結果の善悪とは無関係に、そのことだけをもって悪いという。口にされたときには「それが実行された結果が善い」と想定されているが、もしそれが実行されなかったならば、口にしないままで実行もされなかったときよりももっと悪いとされるのである。「不言実行」とはそうした評価を避けるための知恵であろうし、逆に、あえてこれから行うことを宣言することで、実行しなければ悪いとされる程度が高まることを心理的圧力としてみずからの行動の動機づけにするひともいるくらいである。

　それに対し、嘘という言説は、言説と行動のずれの最大の場合として、相手を騙すために使われる。たとえば、「返すつもりがない借金をする」といった事例のように、まったく実行する意図のないことを口にして相手の金品を奪う詐欺師の、あるいは「事実に反する情報を与える」といった事例のように、相手を窮地に陥れる陰謀家の言説である。

　こうした詐欺や陰謀は、言説を発した瞬間にそれが嘘であると本人が自覚しているわけであるが、それに対し、「借金をしたが返せなくなった」という事例のように、実行する意図はあったが、やむを得ない状況によってそれが実現しなかったということもある。その「やむを得ない」とされる事情をどこまで認めるかに応じて、詐欺や陰謀から、不可抗力な事故や病気のような場合まで、それが悪とみなされる程度の差異が生じる。

　嘘ではなかったが実行されなかったという場合でも、たとえば病気になったという事情の方が、ギャンブルをしたという事情よりもまだ善いとされる。ギャンブルでお金を増やそうとしたのは、やむを得ない事情とはいい難いからである。とはいえ、それがギャンブル依存症という病気によるものとみなされる場合は、そうでない場合よりもまだ善いとされるかもしれない。

とはいえ、病気になったというのが嘘かもしれず、ギャンブルをしたことが隠し通されるかもしれない。嘘だったのかそうでないかは、受け取る方からすると相対的であり、それでひとは容易に騙される。ひとは言説どおりに実行されなかったときには嘘だったと感じるものだが、明確に嘘と呼べるのは、言説を発した瞬間に本人がそれが嘘であると意識しており、その言説のとおりには実行しないという意図をもっている場合であるから、裁判ともなれば、そのことが精緻に立証されなければならないのである。

†現実性

嘘か否かについて重要なのは、実行しようとする意図があったかどうかではなく、現実認識がどうであったかということである。

なぜなら、「意図」と呼ばれるものは、想定したことが現実的に可能であると前提し、それに加えて自分がそれを実行するであろうということを含む内語ないし言説である。この言説の聞き手は、話者の捉える現実性が自分の捉える現実性とほぼ合致しているということを前提して話者の言説を受け取っている。話者が自分とおなじ社会的現実に生きており、口にしたことを実行できるような環境にあるということを引き受けると同時に、話者が口にしたことを実行しようとする信用できる人物であるということを引き受ける。それゆえ、嘘という言説の悪の度合いは、言説と行動のずれというよりは、言説と現実性のずれの度合いによって測定される。

たとえば、小学生の子が、親に「大きくなったらポルシェを買ってあげる」といったからといって、親を騙そうとしているわけではない。親はその子がお金に関する現実性をよく知らないと前提してその言葉を聞くであろうし、遠い将来のことであるからその子がそれを実行するかどうかは気にせずにその意味を受け取るであろう。その言説に話者と聞き手の現実性のずれはない。その言葉の与える現実性は、その子が親に対してもつ親密さや感謝の感情にほかならない。

他方で、たとえば自分の作品が高額で売れると信じている芸術家がいて、その売り上げで返すとして借金を申し出る場合、聞き手は実際にはそれが売れそうにないという現実性によってお金を貸さないかもしれない。あるいは、聞き手がお金を貸して実際に作品が高額で売れたとしても、その芸術家がその創作意欲によってお金を次の作品に注ぎ込み、借金を返済しないかもしれない。この芸術家を嘘つきと呼ぶとしたら、しかし大多数のひとは大なり小なり嘘つきである。自分のすべての言説を常にそのままに実行できるひとはあまりいない。

カントは、「借金を返さない」ことを道徳法則とすることはできないと述べたが（『道徳形而上学の基礎づけ』）、その理由は、もしそれが道徳法則ならだれもお金を貸さなくなり、借金するという行動が存在しなくなるからだという。しかしながら、詐欺師ならば「借金を返さない」のではなく、借金と見せかけて詐取するだけである。ひとは「借金を返さない」という意志をもってお金を借りることはなく、諸事情によって、ただ借金が返せなくなってしまうだけなのである。もしこの芸術家が繰り返し借金を返さないときには、聞き手も、かれの言説は実行される可能性が低いという現実性を持つようになる、つまり信用しなくなるということである。

嘘を規定しているのは、一般に考えられているように、言説によって幻影や妄想を抱かせることではなく、言説が前提されている現実性の、人によるずれの大きさなのである。テオは決してヴィンセント・ゴッホを嘘つきだと思ってはいなかっただろう。芸術家が優れた作品を創造したという妄想を抱いているのか、債権者が芸術を見る眼をもっていないのかは相対的である。もしこの芸術家が詐欺師であって、聞き手を騙そうとしているならば、その行動自体が悪なのであって、嘘はその手段にほかならない。

†学問的詐欺

騙(だま)す、すなわち明白な意図をもって嘘をつくとは、自分が持っている現実性を相手にあえて隠すことである。そこには、口にされたことが実現されないという嘘と、自身がそれを実現するための行動を実行しないという嘘がある。借金に関していえば、それが返済されないということと、返済する行動を実行するつもりがないという二重の嘘がある。

学問においても、真理（新発見や新法則）を発表すると宣言しておいて実行しなければ悪い評価を受ける。だが、論文を書いてその宣言が嘘ではなかったと示したとしても、――「医者の不養生」はよくあるが――、本人がそれをふまえて生活しない場合はどうであろう。たとえば、まもなく大地震が起こると発表していながら、自宅では何の準備もしていない地震学者がいれば、自分は真理であると考えていないとみなされるかもしれない。地震予知には大きな予算がつくからそうした発表をするという背景もある。

倫理学者についてはなおさらである。もし真の善を主張しながらその善を実行しようとしないならば、その主張が真理ではないか、自分は真理であると考えていないとみなされるかもしれない。間違っているのか嘘をついているのか、倫理学者にとって、倫理学的理論がみずからの倫理的主張と合致しないことが多いが、これが倫理学の第二の根本問題である。

　真理ではないと考えていることを真理であると述べるひとは「嘘つき」と呼ばれるであろう。善の思想の研究であっても、その思想を選んで研究するのは、回り道をしているだけであって、やはりその善を真の善とみなしているからではないか。真の善であるとしたら、やはりそれは社会で実現されるべきものなのではないのか。真の善という概念には、そうしたことが含意されているのではないか。それを行わないのであれば、それを真の善とはみなしていないのではないか。したがって、そのようなことをする倫理学者は嘘つきなのではないか。

　それでもなお、一般に、言説が実行されないというだけでは騙したことにはならない。「一度食事に行きましょう」といったタイプの社交辞令は実行されないことが多いが、詐欺ではない。しばしば社交辞令が交わされるのが社会的現実であり、その言説は親密でありたいとの感情を表現しているという点では話者たちの共通の現実性のもとにあるのだからである。とすれば、倫理思想を論じるだけの倫理学的理論は、一種の社交辞令のようなものであると弁明することができるかもしれない。

付け加えておきたいが、言説それ自体にも純粋倫理がある。「嘘をついてはならない」ということもそこに含まれる。嘘をついてはならないという以上、言説は嘘であり得るわけだ。とはいえ、嘘というものは、暴露されてしか嘘とは分からない。態度や状況証拠から問い詰められて、たまさかひとは「本当のこと」をいう。それにしても、それが真実であるかどうかは、永遠に分からない。というのも、事実に反していても本人が「本当のこと」だと思い込んでいることもあるし、逆に、聞いたひとが事実と照合して「本当のこと」だと知っているとしても、本人は嘘をついているつもりかもしれない。なぜそうしたことが起こるのかというと、言説には「本当のこと」をいう機能がないからである。つまり、ひとの心にテレパシーは不可能であるし、出来事は究極的に藪のなかである。互いの心を照合することはできず、起こったことの意味は大なり小なり両義的である。

過去についてはだれもが思い違いをし得る。未来については何が起こるか完全には分からない。現在の思考についてだけ、思考したことをそのまま相手に伝えようとすることはできるが、それを表現する言説が真実を示しているかは、だれにも分からない。とすれば、「本当のこと」の本当の意味は何なのか。

たとえば、「この料理はおいしい」といったひとが、内心に温度計のようなおいしさ測定装置があってその数値を読んでいるということはない。おいしいと感じていることが嘘ではなくても、いつも「おいしい」としかいわないひとや、相手を喜ばせたくて「おいしい」といっているひとなど、ひとの話す行動の文脈は多様である。無限に言葉を費やしても、本当の意味での真実を語ることはできないだろう。

「本当のこと」をいうようにと、親は、恋人は、教師は、刑事は要求する。一番本当のことに近いのは、「そんなことで追及されるのはいやだ」ということであろうが、いずれにせよ、ひとは相手が何を聞きたいかを探し求めつつ、それに答える。というわけで、どうであろう、「本当のことをいう」ということは倫理なのである。ところが、言説には、文字通りの本当のことをいう機能がない。

　この意味で、「嘘をついてはならない」のは、限定的な状況においてでしかない。嘘と意識している言説を発してそれが悪いといえるのは、ひとに勘違いさせて金品を自分のものにするとき、自分の思い通りに行動させようとするときである。嘘それ自体は悪くない。

　同様に、正直は無条件に善くはない。自分が本当だと思っていることは、立場の違いによって間違っていることもあるし、本当であってもそれを告げられることが悪いこともある。むしろ、ひとはいつも本当ではないことを語り、それを通じて倫理的問題を解決しようとしているのである。「本当のこと」とは、その問題を解決するのに一番適切な言葉のことである。それが言説の倫理である。それにもかかわらず、あくまでも「本当のこと」を追及しようとするなら、妄想であれ陰謀論であれ、それは倫理というよりは、そのような言説の病理であるというべきであろう。

なお、そうとすれば本書の言説はどうなのだと問うひともいるだろう。わたしは「本当のこと」をいおうとしているというよりは、イデオロギー批判、すなわち倫理学に関する従来の諸概念に対して、その嘘を暴こうとしている。むしろ、「本当のこと」の本当の意味がそれなのではないか。言葉は嘘をつけるが、それと同様に、嘘を暴くこともできるのである。

4　倫理学は手段を正当化するのか？

†真と善

さらに根本的な問いをたてよう。そもそも真なるものを知ることは無条件に善いことなのだろうか。

ソフォクレスの描いたオイディプス王のように、真を知ることの善を優先し、その結果として真を知って不幸になった物語もある。フロイトは、ある意味で、だれもがオイディプス王だと述べている。真であることと善いこととが対立するときには、どちらを採ることが善いことなのであろうか。

だれもが、いつでも真なるものを知りたいわけではないし、真なるものが必ず善であるとはかぎらない。学者のように真なるものを探求することを善とするひとは例外であって、一般には、それが善でありそうなときには知りたいが、それが悪であるかもしれないときには、あえて知ろうとはしない。幼い子どもに、サンタクロースが実はその子の親であると知らせるべきではないであろう。真なるものを知ろうとすることが、それを知らないままの善よりも善いとは必ずしもいえないだろう。

原爆の父、オッペンハイマーはそのことに悩んだといわれるが、多くのひとは真であることと善いことが両立しないときは善の方を採るように思われる。宗教的な善を選んだアテネの市民たちは、真なるものを探求したソクラテスを死刑にした。真を優先しようとするのはある種のヒロイズムであり、それによってしばしば悲劇が起こってきた。倫理学が真の善を探求するとき、善であることと真であることが対立するとしたら、そのどちらを採るべきなのであろうか。

†目的の真偽と善悪

具体的に考えてみよう。真の善が知られているとして、それを実現する手段がそれによって善であるとされるとき、その手段が世間日用の悪とされることであったらどうであろうか。

たとえば、警官が犯人を捕えるときに、拳銃を撃ちたいという動機から犯人を狙撃するのは善くないことであろう。店員が店の売り上げを増やすために、客が不要なものを売りつけるのは善くないことでろう。政治家が視察すると称して、予算を多く使って贅沢旅行をするのは善くないことであろう。寄付を募っている宗教団体が、信者たちに借金させるのは善くないことであろう。

これらの事例は、目的が善であっても、その手段でありさえすれば無条件に善であるというわけではないということを示している。ここでの悪は、——目的を阻害するかもしれないが——、目的を実現することと直接関係はない。それに対し、手段が、因果性において真に目的を実現しないという意味で悪であるということもある。

たとえば、ある宗教教団が、天国に行くためには寄付を多くすればよいと教えるなら、信仰心はそれだけ失われるのではないだろうか。たとえば、五年勤めた非正規社員を正規社員にしなければならないとの法律が制定されれば、企業は五年になるまえに雇い止めをして失業する非正規社員がかえって増えるのではないだろうか。人件費を節約するために無人店舗を設置したら、万引き犯が増えてかえって利益が減少するのではないだろうか。貸した少額のお金を返さないひとを裁判で訴えたら、その金額以上の裁判費用がかかってしまうのではないだろうか。

このように、目的を実現しない不合理な手段を採るならば、ひとはしばしば失望させられることになるであろう。ここでいう「合理的」とは、目的と手段の因果関係に従っているということである。因果関係の知識は、学問から教えられるほか、経験において何度もそうした連関を経験したとか、他の因果関係から推論したとかして獲得されるであろう。それによって決定された手段は、たとえ世間日用の倫理では悪とされるものであっても、善いとされることが多い。

他方、——教科書を紋切り型に記憶しているだけの知識も含むが——、魔術や占いや陰謀論などの聞き齧(かじ)った知識をもとに、目的に対して因果関係のない手段を選ぶひともいる。しかし、それは悪いというよりは愚かなのである。賢いことは善いことであるとされる倫理(真の善は知恵)がある。「賢い」とは、因果関係をふまえるということである。因果関係を前提として行動を決めることである。魔術や占いや陰謀論は、因果関係を正確に捉えずに、ありそうもないことを前提にする。先に挙げた事例はそこまででもないにせよ、やはり賢くないがゆえに合理的でない手段を採用し、目的の実現を難しくしているわけである。

†目的は手段を選ばないか?

問題は、因果関係が明確であって、かつ「目的は手段を選ばず」とされるならば、そこには世間日用の善悪との葛藤が生じないではないというところにある。戦争は、その最たるものである。

戦場の兵士は戦争に勝つという目的のために敵の兵士を殺さなければならない。戦争とは、国家のために殺人をすることである。殺人は世間日用の倫理においては悪であるが、国家ばかりでなく、しばしば新宗教や革命思想がこれを善とする。愛国者や信徒や革命家たちにとって、かれらのいう善が実現されるための殺人は善なのであるし、そこまではいわないまでも、少しの悪はやむを得ないというわけである。

多くのアメリカ人は、原爆投下が戦争終結という目的に対して善であったと考えるようであるが、それは間違いとはいえない。しかし、きのこ雲のしたで、一瞬のあいだに、意識する間(ま)もなく黒焦げの死体となってしまった人々、火傷(やけど)した皮膚をぶらさげながら痛みと渇きの苦しみと死の不安を抱えながら暗闇のなかを彷徨った十数万の人々がいたことを悪ではないとすることは不可能であるように見える。

異教徒の殺戮は宗教的には善なのか？　国際法が禁じていなかったら法律的には善なのか？　――善悪を目的との連関で決めようとするのは、政治的なものへと転化された倫理でしかない。計算して善悪を差し引きできるとするのは、経済的なものへと転化された倫理でしかない。

こうした事例は多い。昔なら、貧しい一家の生計をたてるために女の子を女衒に売る話、老親を山に捨てに行く話、あるいは山中に墜落した航空機の生存者たちが死者の肉を食料として生き延びる話。最近でも、多数の命を救うために死にかけているひとの治療を断念する話、パンデミックを抑えるために監禁される人々の話。善悪が混在するような状況でも、善は善、悪は悪であり、どの善も、どの悪も、支えあったり打ち消しあったりはしない。

これらすべてを善悪で論じようとすると、水掛け論になる。個別的観点と一般論、当事者意識と傍観者、マイノリティとマジョリティ、それぞれの立場から一番強く感じる善と悪をもとにして意見を述べるからである。しかし、もしその議論を宗教、政治、経済、法律のいずれかの文脈で整理することができれば、何らかの合意を得ることも可能であろう。

それは、より包括的な倫理、解決することが善であるという倫理(真の善は和)が優先されるからである。「これからのことを考えよう」とか「未来が大事である」といった言説が力をもつのは、この倫理によってである。

だが、この「解決」という目的の善は政治に属するものであり、手段の正当化という点において、純粋倫理における悪を抑圧し、人々にそれを忘れさせようとする面がある。「解決」は社会秩序の維持にとって重要なことであるが、それだけが善であり、それによって悪が消滅すると理解すべきではない。純粋倫理における悪は、論理や計算にあずかるようなものではなく、それを目の当たりにしたひとにとってはあきらかな悪であることをやめない。自然の残酷さと人間精神への無関心、われわれの生の脆(もろ)さ儚(はかな)さが、そこで暴露されるのだからである。

†存在しない善

そもそも、真の善があるとしても、それはただひとつしかないのだろうか。真理はひとつでなければならないからといって、何が真の善かを巡って争うとすれば、それこそが悪なのではないか。それによってこそ、まさに真の善は存在しないといえるのではないか。真の善とされるものが、ドグマ、イデオロギー、ファンタジー……、みな「お話」に過ぎなくて、存在しなかったとしたらどうであろう。いつでもその可能性はある。

キリスト教のような宗教において、永遠の命が与えられる天国は、――パスカルも述べていたように真に存在する保証はないが――、キリスト教徒にとっては善である。天国は存在しないということが真ならば、天国へ行くための敬虔な生活の善は消え去るであろう。

マルクス主義のような政治において、好きなことだけ労働して生活に必要なものは与えられるという共産主義社会は、――真に実現し得るかは不明であるが――、共産党員にとっては善である。共産主義社会が不可能であると知れば、それを目指して革命することの善は消え去るであろう。

商品経済において、ベストセラーになるのは優れた商品だということは、――事実としては真ではないが――、人々にとっては善である。ベストセラーがタイトルのつけ方やプロモーションによって引き起こされると知れば、それに注目して購入しようとする消費者の善は消え去るであろう。

近代におけるような法律において、勝訴することは、――すべての裁判官が常に公正な判決をするということはないが――、裁判するひとにとっては善である。裁判官が政治家たちの意向を忖度したり、世間の常識的感覚に乏しくて中途半端な判決をしか書かないものだと知れば、裁判官の良心に期待して裁判を起こしたひとの善は消え去るであろう。

†目的と手段

真の善とされた目的が真には存在しないとき、その手段としての行為の善もただちに消え去る。もとより目的という概念からして、実現し得ないものは目的とは呼べない。それゆえ、合理主義的な倫理学は、真の善をあきらかにするとともに、それが真なるものとして存在することを示さなければならない。それが示されているかぎりにおいて、目的を忘れて自己目的となった手段としての行動を盲目的に行うのは善くないとする倫理（真の善は成功）がある。

しかしながら、キリスト教徒にとっては、天国へ行くことよりも、敬虔な生活をすることが善なのではないか。マルクス主義者にとっては、共産主義社会が実現することよりも、社会矛盾を克服するために政治闘争をすることが善なのではないか。消費者にとっては、ベストセラーである優れた商品を購入することよりも、他の人々も購入する商品を購入することが善なのではないか。もめごとに苦しむひとにとっては、裁判官が良心に従って判決することよりも、暴力ではなく裁判手続きを通じてトラブルに決着をつけることが善なのではないか。

そもそも、目的が真なるものとして存在することが示されない場合、しかし、それが必ず偽であるとはかぎらない。天国は存在するかもしれず、共産主義社会は実現可能かもしれず、実際に優れた商品がベストセラーになるかもしれず、ある裁判官が良心からのみ判断して画期的な判決を下すかもしれない。もし、このそれぞれにおいて真をまず追求し、手段としての行動の善もそれによって決定しようとするならば、答えを出すまでのあいだ、行動は留保される。否、現実では、目的が真に存在するかは措いておいて、むしろ手段が自己目的化し、盲目的にその手段を実行するということの方が一般的なのではないだろうか。世間日用の倫理の大多数は、そもそもがそのようなものなのではないだろうか。

　真の善を発見し、そのための行動を準備するまでに、出来事における適切なタイミングが失われる。ひとは、タイミングのために暫定的な判断によって行動するほかはない。**根源的な時間的遅れによって、行動における善の判断は常に次善のものとなる**であろう。

　先に述べた「解決」という目的の善も、実際には倫理の問題を未来に棚上げにすることでしかないのだから、次善の策であるにほかならない。とすれば、はたして真の善、絶対的な善について論じる意味があるのだろうか。真の善は存在しないか、存在するにしても永遠に確定することができないのではないか。これが倫理学の第三の根本問題なのである。

†自己目的化した手段の善

実際にも、目的の真偽を別にしたうえで、その手段となるものが善とされている事例は多い。たとえば、学校教育において、子どもたちは勉強という、本来は手段である行動が自己目的化された生活を送る。勉強させられているあいだに、テストで高い点数を取ること、入試偏差値の高い大学に入ることを目的としてしまい、勉強の本来の目的を見失う。ところが、多くのひとはそれを善いこととみなしている。勉強の目的は何かと考え込んでしまう子どもたちは人生の失敗者となるだろう。

なるほど子どもないしその親からすると、勉強は大学受験に成功し、有名企業に入社するという目的の手段に見えるかもしれない。企業の方では、社員の採用にもっぱら一八歳頃に素直に受験勉強をしたという特性を指標として採用するわけだが、しかし、そのことは企業にとっても、組織を活性化して利益を増大させるという目的に対する合理的な手段とはいえないであろう。テストに正解を答える能力と社会における実務的能力は別のものであり、とりわけ創造的能力とは相反する面があるからである。

このように、世間日用では、真か偽かはっきりしない目的のために行うことが悪であるとはされていない。真に善なる目的によってその手段の善悪が一義的に決まるということはない。とすれば、目的の善によって手段となるものの悪が無視されて善いとはならないわけである。

一体、悪はどこから始まるのか。嘘をついてはならないとか、ひとを殺してはならないとか、物を盗んではならないとか、先史時代から続いてきたであろう倫理、これらの倫理が覆（くつがえ）されるとすれば、それは真の善を求めたひとたちによってだったのかもしれない。その、存在しない真の善を騙（かた）る人物に惑わされたひとたちによってだったのかもしれない。いくつかの有名な倫理学説もまた、その例に漏れないのかもしれない。

手段の善悪

真の善が存在するにせよ存在しないにせよ、目的を実現することが善いことであるならば、あるいはそのこと自体が真の善であるならば、なるほど手段となることを着実に行うべきであろう。それに対し、人生には目的がないとしたらどうであろう。むしろ、目的もなく日々の生活を淡々と送ることが善いことであるとしたらどうであろう。もしそうだとすれば、何らかの目的をたてることは善くないことになる。人生一般において、また日々の生活において、絶えず目的を設定し、因果関係をふまえてその手段を採って目的を達するまで努力するということはひとつの倫理としてはあり得るが、普遍的だとはいい難い。それは、人間というものは絶えず目的に向かって進むべきものだという西欧近代の人間像によるものに過ぎない。

たとえばガンが末期で発見されたとき、検診を日頃から受けておいて早期発見すべきだったといわれたりする。ガン自体がそのひとにとって悪い事態であるにもかかわらず、その悪はそれを避けるための手段を適切に行わなかったそのひとの悪に由来するとされるわけである。本当は、ガンになるかどうかは運不運が大きいのである。

あるいは、たとえば独裁政権によって民衆の生活が抑圧されているとき、そのような政権が成立するに任せた民衆のせいだといわれたりする。抑圧されている現在の事態が悪いものであるにもかかわらず、その悪がそれを避けるための手段を適切に行わなかったそのひとたちの悪に由来するとされるわけである。本当は、歴史の奔流に抵抗することは難しい。

目的を意識せず、のどかに生きている人々が悪に遭遇したとき、遡ってそれを避ける手段を取っていなかったことが悪かったとされるわけだが、それは正しいのか。

マキアヴェリやホッブズ以降、「人間は本性として過去に責任を負いながら未来の目的に向かって行動する」というエピステーメーが生じ、現代のわれわれの思考を縛ってきた。とはいえ、たとえ目的を設定したとしても、目的を忘れ、手段に過ぎなかった行動に執着することを悪いとする根拠はない。目的を忘れても、目的を持たなくても、だからといって「人間を捨てた」わけではない。目的に向かって進むことは悪いわけではないが、文化と時代が変われば、それは場合によるということになるのではないか。

†手段の本質

そもそも近代人は、目的手段連関をあらゆる行為に見出だそうとすることによって、かえって、手段という概念を見失ってしまっているように思われる。手段という概念を明晰にしておかなければならない。

たとえば目的地に早く到達するために走るとき、走るという行動はその手段ではない。それは、速く到達しようとする行動の動作にほかならない。もしそれを手段と呼ぶなら、すべての人間行動には目的と手段があることになり、「目的のない行動」というものが理解できないものとなる。その結果、その行動が失敗としか評価されなかったり、場合によっては無意識などの怪しい力が働いていることにしたりされる。

手段とは、直接的に目的を実現するような行動ではないものを指す。とすれば、目的には直接実現できるものとそうでないものとがあって、そうでないものを間接的に実現するための行動が手段と呼ばれるわけである。たとえば食卓の塩を自分で取るなら直接的に目的を実現する行動であるが、「塩を取って」とだれかにいうなら、その言説の行動が手段である。その行動は、副次的にその実現可能性によって人間関係を確認するという別のこと、権力を表現する。

直接的に目的を実現するような行動をしかしないひとは、手段を必要とすることがない。孤島で独りで暮らすようなひとは、すべて自分でするとともに、それでできることしかしない。それだとあまり多様な目的を持つことはできず、生活は単純で散漫なものとなってしまうであろう。ロビンソン・クルーソーのような近代人は、フライデーを必要としていたわけだ。

あるいはまた、幼児や暴君や愛人などと呼ばれるひとたちも手段を必要としない。かれらは、言説を使用しなくても、暗黙の裡に他の人々が配慮して自分の目的を実現することが期待できる環境や人間関係のもとにある。それもある種の権力である。そのように育てられたひとと暮らすのは、辛いものがあるに違いない。

間接的に目的を実現するようなものとして「手段」を設定し、自分を含めてだれかにそれをやらせるのは、政治的な行動である。真の善の探求には、善という価値によって要求される以前から、こうした政治的関心が伴っていたのである。

他方、ひとは、いつもではないが、場合によって手段としての行動をする。しっかりと目的を実現する合理的なひともいれば、目的を忘れて手段に執着するひともいる。あるいは「一石二鳥」といって、複数の目的のすべてを実現する効率よい手段を見つけ出そうとするひともいるし、その結果、「二兎を追うものは一兎をも得ず」となって愚かだとされるひともいる。そこには経済的関心も含まれている。

倫理的関心からすると、直接的に実現できる目的しか追わないこと、手段が多数の目的のどれかを実現することを期待すること、そもそも目的をもとうとしないことは、いずれも悪いとする根拠はない。もし倫理学がひとの行動を常に善なる目的をもつものと前提し、それを真の善として探求するのであるならば、以上のような目的なき行動の善悪については、語ることができないであろう。これが倫理学の第四の根本問題である。

5 倫理学は善なのか？

†真の善とは何か

本章のここまでの議論では、まず善が否応なく実践を要求するところから、真の善を探求する倫理学は政治や宗教のようなものになりかねないということだった。それでは学問としては問題なので、多くの倫理学者が倫理思想の研究としてこれを自己規制するが、それでは善を論じながらそれが善ではないかのように述べていることにはならないかということになった。そして、真の善を論じること自体、世間日用の倫理を否定して、行動をみな目的としての真の善を実現するための手段として評価することになり、目的のはっきりしない行動、目的のない行動を悪とすることになるが、それはおかしいのではないかと問うてきたところである。

　このように考察してくると、倫理学が探求する真の善は、はたして善いものなのかという疑問が湧いてこざるを得ない。真の善とは、古代ギリシアの哲学者たちのいうように、数多の善のなかの最も善いもの（最高善）のことなのだろうか。とはいえ、だとすればその善さの程度を測るものがなければならないのだから、それに基準を与えるものが真の善なのだろうか。それとも、数多の真の善の体系があって、それぞれの善に善さという特性を与えるものが真の善なのだろうか。プラトンのいう「善のイデア」は、そのいずれなのであろうか。

　だが、いずれにせよ、そのような真の善は、世間日用の倫理においては善ではなく、知でしかない。真の善が善いとしたら、それは知が善であるかぎりにおいてである。知が数多の善のなかで最も善いものであるかは、本書の議論も知のために行われていることをふまえてすら、断定することはできない。知が善であると前提しないかぎり、真の善が、真偽が入り混じっているであろうただの善よりも善いとはいえないであろう。

知がひとに必ず悪を避けさせ、あるいは善をより善いものにしようとさせるということには、何の保証も根拠もない。ときどきそういうことがあるといった程度のことに過ぎない。知は善悪を教えたり、規定したりするものではなく、――ソクラテスのダイモーンのように――、せいぜい悪を避け、善を実現するための手段の因果論的な確かさを教え、むしろもっと重要な仕事として、数多の善のうちからどれを選ぶかを決定するための指標を見つけだすことに役立つ、その程度のものでしかないのではないだろうか。

†真の善を求める悪

概して、善を行おうとするときには、その善が他の善と葛藤したり、悪を含んでいたりするということが起こる。どちらが善いか、どちらを悪のために避けるべきかは水掛け論になりやすい。むしろ、議論になりそうな場合に、争いがないということを善として、自分の考える善の実現を目指さないという善すらある。それに対し、そうした問題を決定的に解決しようとする議論が起こってくる。そのこと自体は善なのか、善には知が伴った方が善いのかということについて考えてみよう。

たとえば混んでいる電車でお年寄りに席を譲ろうとしたら、相手は自分がそんなに老人ではないと怒り出したとしよう。弱々しい人間とみなしたことが相手の自尊心を傷つけたわけであるが、相手の方も、体調を心配してあげたこちらの善意を無視したわけである。

世間日用の倫理においては、お年寄りに席を譲るのは善いことであり、相手が怒り出すような例外的なことがあっても気にはしないようにすべきであるということにはならないか。善かれと思ってしたことに反発されることはあるが、それならば謝れば善いだけのことなのだ。善は悪を含んでいて普通である。

ところがそこに、しばしばあるひとたちが現われ、真に善であるのは善意なのか、相手の意志を尊重することなのか、結果的にひとの体を楽にさせることかなどと論争し始める。善悪の直感的判断に対して倫理的思考、「何が善くて何が悪いか」への問いが発動されるのであるが、かれらはそうした思考それ自体は善いことなのかどうかについては考えてはいない。

知を求めて思考することは、それ自体善いことなのか。それは真理の真摯な探究なのか、単なる議論の快楽を求めているだけではないのか。状況によって、相手によって双方幸福な気分になることも多いのに、倫理の問題をパズルを解くかのように扱って、ひとに席を譲ることをためらわせたり、さらには善くないことだと思わせるとしたら、それは世間日用の倫理に不信を持ち込むという悪いことなのではないか。真に善であるものを考えることは、善であるとはかぎらない。

なるほど世間日用の善には不善も偽善も混淆されている。席を譲るというようなちょっとしたことでトラブルが生じると、そこに不善や偽善がなかったかという疑問から、真に善であるのは何かとの問いが生まれる。とはいえ、不善も偽善も、必ずしも悪ではない。立っていたいと思っていたお年寄りに席を譲るのは不善であり、周囲の賞賛が欲しくて席を譲ろうとしたならば偽善である。不善に対してお礼をいって相手を気持ちよくさせ、偽善によって人助けがされるのなら、しかしそれは悪いことではない。

†倫理と論理

倫理的思考による言説も、社会のなかの人間の活動の一部である。知が無条件に善であるということがないかぎり、社会を主題とする思考が、その主題に対して社会のなかでは別格のものとして、客観的ないし普遍的に語り、その結論を強制する特権をもっているわけではない。

倫理学は、こうした世間日用の倫理的思考の延長として生じてくるのだろうか。その挙句、「善とは何か」という問いを通じて、すべての倫理的議論を終息させるであろう「真の善」を見出だそうとするのだろうか。しかし、倫理は、倫理学以前に、そして倫理学が存在しなくとも、すでに世間日用の倫理をこそ主題とする倫理学が、学問の倫理によって「真の善」という、倫理とは別のものへと関心を移し、そこから反転して、倫理は合理的でなければならないという倫理（真の善は論理）を世間に無根拠に強制するようになる。

学問には、論証によって真理を見出だすべきだとの倫理が含まれるが、しかし倫理的なものが論理的であるとはかぎらない。論理によって倫理の裡に真の善を見出だし得るとはかぎらない。そもそも倫理が論証から成り立っているとはいえない。むしろ倫理は、言説としては不合理で矛盾に満ちている。どんな論証をするにしても、その最初の前提には根拠がない。だから、倫理はある。論証を引き出して、展開させるものこそが倫理なのだからである。したがって、倫理学的探究において真の善が見出だされたとしても、それが世間日用における倫理からすると悪であるかもしれないのは当然である。これが、倫理学の第五の根本問題である。

「倫理学の倫理」というものもあってしかるべきであろう。倫理が合理的なものであるとはかぎらないとしたら、論理的に善を見出だしたとしてもその根拠や正当性を示すことはできない。論証すべきとする学問の倫理を否定しながらも倫理を探究するというような倫理学は成立するのであろうか。それは自己矛盾なのであろうか。

とはいえ、歴史的には、本居宣長がまさに論証を漢意（からごころ）として中国伝来の学問の倫理を否定し、国学を展開した。それ以前にも、道元の禅の「只管打坐」や親鸞の他力の「自然の理」は、論証を拒否するところに根拠をもつものであった。わが国には、中国流および西欧流の学問の倫理、合理的であることを否定して成り立つ学問の伝統もないわけではないのである。

†「善い」と述べること

ともあれ以上の理由から、倫理学においては、真の善の探求と倫理の論証はやらないでおくことにしよう。幸福はおろか、知識も統治も真言も知恵も和も成功も論理も、真の善ではない。真の善は存在しない。それでもなお、倫理学の意義はあり得るのか。もしあるとすれば、それは、人々がたいして意識せずに倫理的に振舞っていることに対して、より明確に、より恒常的に倫理的であることができるように推奨する言説としてではないだろうか――「それは善い」と。

なるほど、だれかが善いことをしたときに「善い」と述べるのは、善いことであるように思われる。とはいえ、ひとが他のひとの行為を誉めるのは、そのひとが善い行為を繰り返すのが望ましいし、それがまた自分の利益になるからであろう。とすれば、誉める行為の善は、政治的ないし経済的なものでしかない。さもなければ、これまで、善いもの、善いこと、善いひと、善い判断や善い行動、それら善いことを、あえて「善い」と言表する必要はなかったであろう。

さらには、善いことを実行したあとで、自分から「善いことをした」と述べるならば、それは偽善と呼ばれ、悪いとされる。善いことの善さのためにそれを実行したのではなく、他人から「善い」といわれることで、自分のプライドを満足させたり、社会的評価を上げたりするためにそのことを実行したとすれば、善いと見せかけているだけだなのだからである。名声は政治的経済的な利益になるが、それが偽善とみなされるときにはかえって損害が生じる。リスクをとって評判を得ようとするのはある種の投資活動のようである。

逆に、世間には、善いことをしても黙っている人々がいる。どの時代どの文化にもあるとはいえないが、「黙ってする」というところにもある種の倫理がある。偽善とみなされないためには何もいわない方がいいということであろうか。それを口にするとその後に期待されて、期待はずれだったときに貶(けな)されることを怖れるからであろうか。あるいは、ただ口下手で誤解されるようなことをいってしまうひとが、それを恐れて何もいわないようにしているだけなのだろうか。しかしその場合は、何を考えているか分からないといって、これもまた倫理的に非難されるかもしれない。

実際に善いことと、それを「善い」と述べることとは異なる。「善い」という言説は、ことがらを評価しているのであって、そこでは評価の正確さが重要である。それに対して、問われれば善いと判断されるであろう「善いもの」がある。善い言説の行動もまたそれに含まれる。特定の状況で適切な言葉を発することである。とすれば、あえて何かを「善い」というのは、適切ではない場合には、善い言説ではないかもしれない。真の善を探求する倫理学の真の問題点は、そこにあったのかもしれない。「善いは悪い、悪いは善い」の解釈の別バージョンであろうか。

†倫理的であることと倫理学の関係

倫理は、善いもろもろのことがらとして、倫理学以前にすでに常識のようにして世間の裡にある。世間には善いことを行おうとする倫理的なひともいれば、そうでないひともいる。嘘をつかないとか、弱い者をいじめないとか、倫理学を知らなくても倫理的に振舞う人々がいる一方で、自分の言動によってひとが騙されたり傷ついたりすることを意に介さないひともいる。倫理的なひとが、倫理学説を参照することなく自分が善いと思うことをしようとするのは普通のことである。

とはいえ、それはときと場合によるのであって、同一人物が常に倫理的である、ないし非倫理的であるというわけでもない。性善説や性悪説のようにそれを人間本性に帰することはできない。ひとが善を行おうとするのは人間本性に悪を行う可能性があるからであるが、悪とされてもやむを得ない善を行おうとすることはあっても、だからといってあえて悪を行おうとするようなひとは存在しない。弱者から搾取をする犯罪者たちのあいだにも仁義があったりするように、ひとは大なり小なり倫理的であろうとする。

要するに、倫理学を学ばずとも人々は大なり小なり倫理的なのである。では、もとより倫理的であろうとしている人々に向かって、倫理学は何を教えようというのか。善いことをしようとしているひとに「善い」と告げることが倫理学なのか。それをもっと徹底することを求めるのか、あるいはその倫理が間違っていると教えるのか。倫理的なひとの行為にも、倫理学的にいえば問題があることは多い。とはいえ、倫理的であろうとするひとに対して倫理学を教えるとは、一体どんな権限においてなのか。

倫理学は、逆に、倫理の乏しいひとに向かってこそ、倫理的であるようにと教える必要があるのではないか。とはいえ、倫理的でないひとは、倫理学を教えられても、そもそもそれを理解できないのではないか。理解できるとしたら、倫理学が教えようとする「倫理的である」ということの意味を知っているのだから、それ以前にすでにそのひとは倫理的であろうとしていたに違いない。古代ギリシアですでに問題にされていたことであるが、はたして倫理は教えることができるのか、それが倫理学の第六の根本問題である。

ひとがもともと倫理的でないとしたら、倫理学は何を主題としているか分からないし、ひとがもともと倫理的であるとしたら、何のために倫理学があるのか分からない。もしまったく倫理的ではないひとが改悛して倫理的になるというようなことがあるとすれば、それはあたかも、知らなかった宗教に出会って改宗するようなものではないか。幼児の心の無倫理的な無垢の平原にいきなり建立（こんりゅう）されるような倫理学があるとしたら、それはむしろ宗教と呼ぶべきものであろう。

†「真の善」と「善の真」

倫理学を志望するひとが、人々に何かを教えるつもりはなくても、もとより倫理的なひとであって、自分がいよいよ倫理的でありたいがために倫理学の研究をするということは、いかにもありそうなことである。そのようなひとが真の善を探求し、それを他人に押しつけようとはせずに、自分自身でそれを実行しようとするということはある。そのような倫理学者が多いかもしれない。

他方で、すべての倫理学者が倫理的であるとはかぎらない。真の善を見出しながら、それを実行しない倫理学者もいるだろう。言行一致しないとしても、——研究の蓄積が学界の発展に寄与するという学問の倫理もあるのだから——、学問の倫理に従ってさえいれば、学問的には差し支えないのである。

しかしながら、倫理学には第三の道もある。みずからが倫理的であろうとするかどうかは関係なく、倫理とされるものに疑問を抱き、それを研究しようとする倫理学である。真なるものとしての善を主張したりせず、ただ倫理の現象の解明を旨とする倫理学である。

ここまで、「真の善」を探求する倫理学は、善が実践を含むがゆえに政治や宗教になる危険性があると述べてきたが、それを避けようとしたら、それは社交辞令のようなものになってしまうということだった。手段の悪を無視したり、目的のない行動を悪としたりするという問題点も述べてきた。このように、倫理学それ自体が善であるかも危ういとして、それでもなお、倫理学に存在する意義があるとすれば、「真の善」ではなく「善の真」、善であるものごとのありのままの姿を語るところにあるのではないだろうか。そしてかつ、真に学問であるために、語ろうとする主題のなかにみずからの営為を捉え、その営為が不可能ではないものとして語るべきではないだろうか。

†倫理批判の学

そこで忘れてはならないのは、善い宗教、善い政治、善い経済、善い法律があるとされ、それらの理念によって、さまざまな発想や行動が倫理に反するものとして退(しりぞ)けられてきたが、それを行ったのは学問ではなく政治であるということである。

たとえば、信仰は心の問題なのだから異教徒を迫害するのはおかしいと、ある宗教家は説得する。多数のひとを救うためにだれかを犠牲にすることは許されるかと、ある政治学者は問う。貧しいひとたちが資本の論理でその環境に縛りつけられているのを救うために商品を高く購入すべきではないかと、ある人権論者は主張する。被疑者を拘置所に長期間留め置いて自白を導こうとするのは拷問に等しいと、ある弁護士は非難する。

とはいえ、宗教は他の宗教の信仰を許容しないものなのではないか。政治はだれかを有利にしてだれかを不利にするものなのではないか。経済は効率性を高めることによってのみ成り立つのではないか。「悪法もまた法」であって、法律の規定に従っていることを非難すべきではないのではないか。

もとより、宗教、政治、経済、法律を倫理に還元することはできない。倫理は特定の問題への対処を支える論拠を構成するために政治的に利用される。なかんずく、国際的な問題においては、特定の文化、特に欧米文化に基づく倫理が論拠とされ、その根拠が問われないままに強引な政治的圧力が加えられたりする。

倫理学は、社会に善を供給するということを禁欲する場合においても、宗教や政治や経済や法律が利用している倫理の批判をすることはできる。真の善が何かをいえなくても、倫理学を知らないままに多方面で口にされる「善」が、宗教的ドグマ、政治的イデオロギー、経済的ファンタジー、法律的フィクションに過ぎず、必ずしも善ではないということを、悪を含むということを論証できる。そしてまた、倫理学を知らないままに多方面で口にされる悪が、必ずしも悪ではないということ、あるいは善を含むということも、論証できるのではないだろうか。それが、「適切な機会に善を告げる」という、倫理学の倫理なのではないだろうか。それが、わたしの倫理学的立場である。

第四章

身体の倫理学の基礎づけ

1　体調と倫理

†自然的善悪

これまで倫理学の根本問題を確認してきたわけだが、ここからはあらためて倫理、なかでも世間日用の倫理について考えなおし、その思考を学問と呼べるものにするために理解しておくべき基本的な事情について考察をしていこう。世間日用の倫理における善悪の内容について一つひとつ吟味するのではなく、「善い」、「悪い」といわれる判断や行動が生じてくるのはどのようにしてかを考えてみることにしよう。

ひとは、だれかの判断や行動について「善い」といい、「悪い」という。何が善で、何が悪であるかが分かっているからこそそのようにいうわけだが、それはさしあたり「暑い」とか「黄色い」といった感覚と同様にして、特に理由なく直感されるものではないか。

それは幼児の心にも、知的障害者の心にも、認知症患者の心にも、精神病者の心にも直感されるに違いない。多くのひとにとっての善悪とはずれがあるにしても、「善い」と「悪い」の差異は感じるであろう。心神耗弱や心神喪失といわれる場合はどうかというと、これは法律の適用に関して使用される概念でしかないが、たとえ殺人するときにその行動の意味が理解できていなくても、だからといって殺人が悪であると、そうでなくともほかの何かが悪であると感じないとはいえないであろう。

こうした意味での善悪の感覚は、生きているということと深く繋がるものであり、人間と共生するペットのイヌやネコをはじめとして、動物にもあるだろうし、もっと単純な生物、草木や単細胞生物にまでも認められるかもしれない。そこまで話を拡げることはしないが、われわれの善悪の直感は、その内容は人間に固有なものであっても、自然のなかから生じてくるものだと想定していいかもしれない。

しかし他方では、独善的なひとたち、サド公爵のようなインモラルなひと（不道徳を快とするひと）やハイド氏のようなアモラルなひと（道徳を感じないひと）、善悪が分からないひとたちがいる。この場合、しかし、分からないとされるのは直感的な善悪ではなく、「真の善」である。直感している善悪がそれによって真ではないとされるものである。

真の善とは、天使と悪魔？　平和と戦争？　富と貧乏？　法律と無秩序？……、そうした二項対立において見出だされるそれぞれの項によって、直感的に善と思ったものが悪とされたり、悪と思ったものが善とされたりする。「善悪が分からないひとがいる」とか、「善悪はひとによって異なる」などといわれるのは、このような真の善悪に関してである。

†善悪の意味

従来の倫理学は、善悪というものを、個別的な事例の判断から普遍的な根拠としての超越的な真の善にまで延長しようとしてきた。G・E・ムアが、善悪は「黄色」と同様に直観されると述べたときも（『倫理学原理』）、かれはそれを普遍的なものとしての観念であるとみなしていた。

しかし、もし善が直観されるとしたら、すべてのひとにとって善は同一のはずである。ところが実際は「善いは悪い、悪いは善い」というように、一人ひとりが感じる善悪は、直感的であるだけに相対的であり、状況に左右され、とめどなくひっくり返されていく。ムアはそうしたものとしての善悪を「自然主義的誤謬（自然の経験に還元する誤謬）」として退けたのだったが、――誤謬とされるのが筋違いであって――、「自然の経験」としての善悪こそが倫理学にとって重要なのではないだろうか。

善悪がひっくり返され得るからといって、「善悪は存在しない」とまでいっているわけではない。「善とは何か」、「悪とは何か」を問うひとは、真の善を求め、その反対物としての悪を捉えて、直感的な善悪の相対性を乗り超えようとするわけだが、乗り超えられる以前の、直感されるかぎりの「善とはどんな意味か」、「悪とはどんな意味か」ということをまず問うべきではないだろうか。

善悪がおのずと知られるものだと想定して、そのような概念としての善悪について考察してみよう。真の善ではなく「善悪の真実」を求めよう。それは、善いと直感されるものが常に善いものであるとは前提しないでおいて、なぜ、どのような場合にそれが「悪い」とされるのか、逆に、悪いと直感されるものが、なぜ、どのような場合に「善い」とされるのか、「善い」ないし「悪い」とはどのような意味かと問うことである。

†体調に影響される判断

具体例を考えてみよう。たとえばだれかと一緒に飲食するとする。そこで分かち合った満足感を通じて何らかの絆(きずな)が生じ、そのひとを支援したり擁護したりしようという気にさせられることがある。それで盛んに飲み会をしようとするひともいるのだが、そこに参加しながらも、「それはそれ」として判断を変えず、自分自身の考えを貫くひともいる。そうしたひとは、しばしば変人と呼ばれたり、コミュニケーション障害とみなされて、心理学や病理学の主題とされたりする。

ところが逆に、これまでの倫理学は、一緒に飲食しただけで変わってしまうような判断や行動はまじめに取り上げるべきものではないとしてきたのである。理性的判断と自由意志とが倫理的なものを評価する条件であって、体調に左右されない判断や行動についてしか「善い」とか「悪い」とか評価できないとされた。疲れ、飢え、病い、酔い、眠気、あるいは躁状態も、これを控除して判断せよ、行動せよとされるのである。

飲食をともにすることで、「親しさ」といった人間関係が生じるし、「空気」と呼ばれるような倫理的な圧力も生じる。これらが判断や行動を変えさせるとはいえ、――あとから分析してそう説明されるのであって――、そうしたものが生じるのは、複数のひとの身体が集まり、そこに酔いや満腹感が加わって、それぞれのひとの気分が善くなったり、悪くなったりするといった体調の変化が、特別な判断や行動を与えようとするからなのではないだろうか。

空腹や満腹、睡眠不足や性衝動や排泄欲求その他、身体の状態に応じてひとはみずからの行動を決定したり、他人の判断を評価したりする。それで、飲食を提供するときのように、相手の体調がよくなることを利用して合意を引きだしたり、逆に、病気のひとを休ませるときのように、その意志を無視して行動させたりする。

それは「悪い」ことなのか？　相手が正しく判断できる体調になるまで行動を控えるべきなのか、愚行と思っても相手の意志を尊重するべきなのか。もし体調を利用したり配慮したりして相手から特定の判断や行動を引き出すことが悪いことだとすると、そこには善悪に関する論点先取（結論が前提に含まれていること）が含まれてはいないだろうか。すなわち、「体調のせいで判断や行動を変えるのは善くない」という論点先取である。

それにしても、判断や行動が善いとか悪いとかいわれるのは、理性的で自由な状態にある健康なひとだけなのか。その逆の、「身体の状態に応じて判断や行動を変えるのは善いことだ」という倫理説はあり得ないか。健康な状態における健全な判断と行動ではなく、身体の状態こそが善と悪の判断の条件を構成しているということはないだろうか。

†身体の倫理学

もとより倫理学は「精神の倫理学」であった。精神こそがみずからの善悪を判断し、行動し、他のひとの判断と行動を評価する。ソクラテスが哲学を「魂（精神）への配慮」と規定して以来、西欧の倫理学は精神を主体＝主題とする倫理学であった。

だが、その反対に、身体が主体＝主題であるような倫理学があってもいいのではないか。「健全な精神は健康な身体に宿る」といわれてきた。「身体への配慮」も必要であることは知られている。身体が健康であって、はじめてひとは身体のことを忘れて自分のしたいこと、なすべきことに集中できる。そのなかで「魂への配慮」をすることもできるだろう。

それにしても、身体の配慮を十分にして健康になったわれわれが議論する善悪は、何と限定されたものであろうか。むしろ、善悪が問題になるような状況には、いつでもそれに関わるひとたちの身体の状態が絡んでいて当然なのではないか。いじめや貧困や孤立など、不本意な社会状況に追い込まれてしまったひとが体調を崩しつつ思考する善悪もあれば、事故や病気や障害で体調が悪いがゆえに思考させられてしまう善悪もある。何よりも、真剣な思考はひとを疲れさせ、体調を狂わせる。善悪を十分に思考せずに行動するひとのなかには、体調を崩すのが嫌だという理由によってそうするひともいるかもしれないほどである。逆に、体調がよくなるためにはどんな思考もするというひとも多いように見受けられる。

他方では、だからこそ、精神が言葉のうえでする判断や約束よりも、身を入れて肚の底からする決断と覚悟こそが重要だともいえる。正解か不正解かで評価しようとする教師の面前での言葉より、健康か病気かと診断しようとする医師の面前での言葉より、有罪か無罪かを審判しようとする裁判官の面前での言葉より、寝るまえに自分に向かってする「明日は早起きしよう」という言葉の方がもっと重要なのではないか——他人にどう解されるかを気にせずに口にするのだからである。

言葉か身体かの違いは相対的だとみなすひともいるだろう。だが、わたしは異質なものだと思う。決断なき言葉のうえの判断は抽象的であり、覚悟なき言葉のうえの約束は無責任である。疲労困憊するほどに嘘をつくこともあるが、それは自分が真実を迫られているときである。健康なひとが腕組みをして考える判断や約束よりは、言葉にするまえの、身体の側から生まれてくる判断や約束こそ、そしてまた、言葉のうえでの意志よりも、自分の身体との対話から生まれてくる真実の決断や覚悟こそ、倫理学が主題にするべきものなのではないだろうか。

直感は身体の状態によって変化する。超越的なものとしての善悪が直観されるのは精神によるが、世間日用の善悪が直感されるのは身体による。倫理を、意識の思考した結果としてではなく、意識の発生と同時的なものとして考えてみよう。意識も思考も、身体に理由があって出現するのであるのだから、意識の赴(おもむ)くままに善悪を思考しているかぎり、学問と呼べるものにはならない。身体がなぜ善悪を感じ、どのようにしてそれについての意識や、その判断や行動を可能にしているのかを問うべきではないかと思うのである。

人間精神の発生する現場を身体経験の裡(うち)に探究する哲学こそが倫理学と呼ばれるべきである。旧来の哲学的倫理学では、ひとには精神があってそれが善悪を判断すると想定されてきたが、むしろまず善があって、その実現を目指して精神が出現してくると理解することはできないか。不抜の精神があると仮定するにしても、自然抜きには、その意識が他のすべての個人の意識とおなじ経験であって、おなじ倫理に従うなどとはいえないであろう。

いいかえると、自由な主体として「個人が従うべき倫理」に対し、まずは「個人となるべき倫理」がなければならない。倫理的問題が生じるその都度に、——すでに確立されている精神が規範を思い出してそれを実行するというのではなく——、問題の発見や解決を目指して精神が発生するという、われわれは常にそうした初発的倫理をやり直しているのではないだろうか。

2 身体

†身体観の変遷

「身体の倫理学」ということで、もしかすると倫理学の周辺的なもの、健康や美容、運動や仕草のような事例に関する「なすべきこと」、「なしてはならないこと」が想像されてしまうかもしれない。しかし、ここでの身体は、日常会話における身体とは異なって、概念として、哲学的に捉えなおされた身体である。身体が何であるかについての先入見によってこれ以降の議論を誤解されないように、まずそのことを確認しておきたい。

今日、多くのひとが身体を、病院に行ったときに説明される生理学的組織の集まりとして理解していると思うが、メルロ＝ポンティはこれを「対象的身体」と呼び、それに対して、ひとが生活において行動するときに当てにしている「現象的身体」を区別することを要請した（『知覚の現象学』）。

前者は認識されたもの、後者は生きられたものである。「認識する」ということが、ただ対象のありのままの姿を捉えることではなく、「物体」という、自分から切り離され、操作される対象を表象することであるのに対し、「生きる」、すなわち意識せずに前提していて、行動ばかりではなく認識をも支えるような身体を見出だすべきだというのである。

メルロ＝ポンティが否定した対象的身体は、フーコーによると一九世紀になって確立された「臨床的身体」のことになる（『臨床医学の誕生』）。しばしばこの身体がデカルト由来の近代的身体観であると誤解されているが、デカルトは観念において構築された一種の機械として「機械論的身体」を論じていた（『人間論』）。それに対し、臨床的身体は、顕微鏡をも使って身体の内部を観察し、見えるものの相互関係において捉えられた身体である。そこでは病気は、デカルトの考えたように、脳が身体全体を制御しているような機械の部品の故障としてではなく、諸器官の活動と病原の関係における身体全体の状態の変化として理解される。

しかし、このような「器官の詰まった闇」とされた身体観に異を唱えたのは、詩人のアントナン・アルトーであった（『神の裁きと訣別するため』）。臨床医学、とりわけその予防医学によって、身体の諸器官が病原を避けつつうまく機能するような配慮ばかりを要求される生活に対し、かれは「器官なき身体」を求めた。ドゥルーズの解釈によると（『感覚の論理学』）、それはメルロ＝ポンティのいう現象的身体よりもさらに人間的生の真相を見出だそうとしたものであり、諸器官から逃走しようとする身体のことである。

たとえば口は、飲み、咀嚼し、飲み込み、泣き、叫び、会話し、嚙みつき、呼吸し、喀痰し、性交渉するというように多様な機能をもつが、それらの機能は統合された身体によって切り替えられて使用されるのではなく、逆に、その器官に規定された機能から逃れ出ることによって新たな行動を生んでいるというのである。

このような大雑把な説明では理解し難いと思われるが、本書ではここまで身体の本質論を突き詰めるつもりはない。それにしても、身体という概念が、歴史的文化的に極めて多様に捉えなおされてきたものであって、現代の臨床的身体観が唯一普遍的なものなのではないということ、それを超えてもっとリアルな身体を見出だし得るということは理解してもらいたい。

ただし、たとえば特定の食物を摂取したり避けたりすることによって、病気を免れたり、運命を変えたりすることができるといったような、前近代の「魔術的身体」に戻らないようにしなければならない。前近代においては、世界各地の諸文化にそれぞれ固有な身体観があり、身体の扱い方、養生法、遺体への儀礼がその文化を特徴づけていた。それらが、現代でもなお、臨床的身体観の奥底に隠されて働いている。倫理を哲学的に考察するときには、近代の身体概念をペンディングにするばかりでなく、それら魔術的身体観に惑わされることのないようにしつつ、身体の意味を根底から捉えなおしていかなければならない。

†前近代の身体観

ともあれ、西欧の身体観を見ていくことにしよう。

まず、古代ギリシアにおいては、身体（肉体）は霊魂の墓場とみなされていた。魂を示す語は「プシュケー」、その由来は身体の呼吸にあった。産まれたときに魂が肉体に入り、死ぬときには魂がそこから離れていくわけだが、生きているとは息をしているということであり、それが止まるのは死んでいるということである。

死んで魂がどこへ向かうかは、それぞれの宗教が創りだす物語に依拠している。わが国の場合は、死ぬと黄泉の国に行き、あるいは草葉の陰から遺族を見守っているとされた。そして肉体は土に還るとされたが、では、生きているあいだの「魂を備えた肉体」とは何のことか、物体とどう異なるのか。他の諸生物の死んだ身体を口に入れ、嚙み砕いては飲み込む、あるいはときおり排泄し、あるいはまたじっとして眠りに入る、そして生殖するもいのとしての身体。

古語、「もの」という語は、「もののけ」ともあるように霊魂の一種である。どんな物体であれ、それがふと目覚め、むくむくと動きだし、突如として襲いかかってくる。森の奥から、海の底から、砂嵐のなかから、不意に浮かび上がる巨大な影、のたうち回る長大な蛇のような河川。野生の人類は、そうした世界を生きていた。哲学で知られる古代ギリシア人たちにとってすら、天空の星々は、みずから運動するのだから動物の一種なのであった。

現代の宇宙論によると、惑星は慣性運動をしながら太陽に向かって無限に墜落し続けているだけだという。「もの」は、物質という微小なものの集合体であって、みずから動くようなものではない。物体は物質から構成され、それが運動したり変化したりするのは、他のものの運動や変化によって力を受けることによってでしかない。

では、生物はどうか。一九世紀なかば、パスツールによって、生物は物質から自然発生はせずに卵から生じるということと、ダーウィンによって、自然淘汰において少しずつ進化してきたということが示された。生物とは、四十億年前に物質の特殊な構成として原始細胞が発生して以来、無際限に進化してきたものなのである。生物身体は、物体とは異なって、みずからを維持しつつ分裂ないし生殖して子孫を残す。そうした生命的秩序のもとにあるが、しかしそれでも物体とおなじ組成と法則のもとにある。ドリーシュなどの、物体とは別の原理によるとする生気論は科学的には異端とされた。

かくして人間の身体は、数十兆個の細胞から構成された諸器官とその系からなる集合体であり、その仕組は、DNAの遺伝情報に基づく組織化や神経やホルモンの情報ネットワークおよび免疫系からなる。かつてアリストテレスは、人間は霊魂という形相と肉体という質料からなる一体であるとしていたが（『霊魂論』）、今日、身体が生きているとされるのは、そこに魂が入っているからではなく、物質が生命的秩序のもとで構成されているからであるとされる。つまり、魂とは無関係なのである。

†近代の身体観

このような身体観が確立されたのは、文明が進歩し、科学が発展して知識が増大したからであると思っているひとも多いだろう。だが、この身体は「知識」ではなく、エピステーメーである。「エピステーメー」（フーコー）とは、何をもって知識とするかを規定する認識論的枠組のことである。知的好奇心によってなどということでは説明できない、「何を知るべきか」ということ自体が歴史的に入れ替わっていく。科学によって何を知ろうとし、何を実証しようとするかも、西欧近代のエピステーメーが決定したというのである。

　このエピステーメーを確立したのは、一七世紀のデカルトである。かれは魔術的自然観、すなわち自然現象の異変が運命を知らせたり、精霊が風や火を操ったり、森のこびとがいたずらをしたりするといった自然観を否定し、そのようなものは幻覚や妄想という精神の変調であると説明した。かれは物質と精神を出入りする霊的なものを自然から一掃し、自然現象を数式によって示される必然的な法則で表現できるとしたが、その裏返しとして、自然および身体とは決して混淆されない「精神」を措(お)いたのであった――語の使用としてはデカルトはまだ精神を魂という語で表現していたが。

　このようにして、古代において「肉体」という、賦活されたり受肉されたりする霊的な含みをもつとされた身体は、近代以降、物質からなる精巧な機械として、物体＝身体と呼ばれるようになった。西欧近代における身体は、――ライプニッツが『百科全書』のなかで「神の創った精巧な機械」と表現したように――、あくまでも物体の一種である。日本語では身体は物体と明確に区別されているが、西欧語では英語で「ボディ」、物体や死体とおなじ語である。われわれは、少なくとも常識レベルでは、人間をもはや肉体と霊魂という相互に浸透し得るものによってではなく、相互に孤絶しているもの、身体と精神という対立において理解するようになっている。

†心脳一元論

ところが今日では幻覚や妄想を精神からも切り離し、それらを身体の一部である脳という器官の機能異常とみなす見解が拡がっている。コミュニケーションや行動の変調も、脳に化学物質を与えることで修正し得るという点で、脳という器官の障害であるとされるようになってきた。

一八世紀、ラ・メトリの『人間機械論』以来、脳が意識を生みだし、何を思考するかも規定していると思っているひとも多い。いまやAIを備えた機械が記憶や判断のシミュレーションをして、精神をもつ人間よりもよほど確かな反応をするようになるとすれば、この時代では、もはや精神そのものが幻覚や妄想だということになるのかもしれない。

この「心脳一元論」という新たなエピステーメーによって、近代のエピステーメーが取って代わられつつあるということであろうか。脳を調べさえすれば、世界が物質としてどう捉えられるか、精神としてそれをどのように捉えるかもすべて分かるというエピステーメーである。

それでかどうかは分からないが、最近は倫理学もあまり語られず、せいぜい人々が争う主題について調整したり、ルールを決めたりする瑣末な仕事に向かっているように見える。

それは、将来のＡＩ化のための下作業なのか。みずからに働きかけて善を行い、社会に正義を実現しようとする精神なるものがどこにも存在しないということが、漠然と知られてきたからなのか。

そのようなエピステーメーにおいては、「みずから」とは神経症のことであり、「善」とはその場の空気のことであり、「正義」とは人気投票のことである。マックス・ウェーバーが「精神なき専門人」ということを述べていたが（『プロテスタンティズムの倫理と資本主義の精神』）、みずからを省みず、少し変わった振舞のひとを探しては、マウントしたり暴言を吐いたりしつつ、絶えず変動するベストセラー的な価値へとその都度殺到する「精神なき一般人」の群れ。

デカルトは、脳を、身体を統合し精神を媒介するものとして位置づけていたが、しかし、かれのいう「思考する精神」など、もとより存在しなかったのか。思考とは、アメーバが栄養のある液体に向かって泳ぐようなことに過ぎず、――スピリット（精神）が酒精剤の意味でもあるように――、言説に応じて脳で分泌されるドーパミン等の化学物質のことでしかなかったのか。学問、芸術、道徳……、物体から孤絶した精神の世界とは、麻薬のようにして、ただひとが享楽する物語の世界に過ぎなかったのか。

†認識と宇宙

しかし、わたしは、そのような観点から精神の倫理学を否定し、身体の倫理学を唱えようとしているわけではない。倫理学という学問自体は、精神のもとでなされる。曖昧に霊魂と肉体を対比していた古代人に比べて、身体の仕組を精緻に知るようになったわれわれではあるが、だからといって精神についてより多くを知っているわけではない。

現代のエピステーメーがわれわれ自身の思考を規定して、あたかもわれわれが何ものであるかを知っているように思い込ませているのであるが、それを盲目的に受け容れている人々の群れから離れ、孤立して振り返るみずからの経験は、やはり不抜のものである。パスカルの言葉、「宇宙は空間によって私を包み、ひとつの点として呑み込むが、わたしは思考することによって宇宙を包む＝理解する」（『パンセ』一一三）という一句を思い出してもらいたい。

物質であれ生命であれ、それら認識されたもののなかで精神が説明されるにしても、それを認識しているのは精神である。地図に記されたものが現場での体験そのものではないように、認識されたものは対象そのものではない。科学が教えているものは数式であり、宇宙の真の姿ではない。

科学的知識とは、さまざまな対象がわれわれの生活にどのように組み込めるかの一連の公式のことである。自然科学における実験や応用において部分的には対応があるように見えるにしても、しかしそれを繋ぎあわせた全体、CGで描き出される宇宙の三次元的表象は、精神に描かれた像に過ぎない。その像のなかにその像の要素として人間精神を描き込んだとしても、それでもなお、それを認識する精神がその外部にある。精神は脳の働きの効果に過ぎないといわれようと、その脳を含む宇宙は、相変わらず精神の創り出した像なのである。

†ベルクソン的身体

パスカルに先立ってモンテーニュが、そもそもわれわれの知覚する宇宙（自然や風景）の姿は、われわれの身体の感覚器官に依拠しているということを強調していた（『エセー』第二巻第十二章）。われわれは生まれて以来、自分の身体に備わる感覚によって知覚される身体の外部には一度も出たことはない。知覚を材料にしてわれわれは宇宙の全体を認識するが、知覚の元になる感覚が正確なものではないとすれば、宇宙の真の認識は不可能だというのである。

人間の感覚器官は他の生物の感覚器官と異なっており、識別能力においても他の生物より優れているわけではない。タカの眼、コウモリの耳、イヌの鼻……、それらが与える感覚は、まったく別の宇宙像を描き出させる。人間の視覚がもっと赤外線側の閾域しかもっていなかったら、はたして幾何学や数学は生まれたであろうか。まして、音や匂いの感覚の方が強かったらどうであろう、知覚には、数も直線も現われないことだろう。そしても し、鏡像の自己を見分ける視覚をもち、集団を統率する高度な知能をもつという説もある頭足類の寿命が人類ほどであったなら、イカたちタコたちは海中の世界に帝国を築き、かれらの身体に即した幾何学や宇宙論を構想していたことであろう。

宇宙とは、ベルクソンが述べていたように(『物質と記憶』)、身体の外にある実在ではなく、手袋を裏返しにしたようにして、それぞれの生物に固有の身体の、すべての感覚と運動の可能性を集めて裏返しにした像である。人間も、自然の風景に、客観的な宇宙ではなく、人間の身体経験の裏返しの像を見ているに過ぎない。他方、その風景のなかに見出だされる他の生物のそれぞれの身体は、単なる対象ではなく「生きている何ものか」であって、それぞれの生物にとっての宇宙が表現されている——そう見えないとすれば、それは生物ではなく、デカルトが主張したようにただの自動機械だということになる。

進化論は人類が自然に見出だし、無数の種の身体を時間軸に沿って分類しなおしたものであったが、人間身体も含め、それらがおなじ一つの自然に共存していると証明していたわけではなかった。他の生物たちにとっての宇宙や自然の風景は、われわれのものとは似ても似つかないし、人間身体の「優れた」感覚によって宇宙の客観的な姿が捉えられるようになったと考えてよい理由はない。

たとえばペットのイヌやネコと戯れるときにわれわれが遭遇しているこの柔らかいものは、いわば我が宇宙のダークサイドに生息する生物である。われわれは、われわれの空間を出入りする他の諸生物たちとの並行宇宙に生きている。野生の生物たち、家畜化された生物たち、人類の文明圏を自分たちの環境にしてしまったネズミたちカラスたちと、さらにはベッドのうえの二次元平面を生きるダニたちや、われわれの身体を宇宙とする大腸菌たちと、それらがみな、すれ違いながら別の宇宙を生きている。

身体を、デカルトのように他の物体と同様なものとして捉えたり、進化論のように生物の身体の一種として捉えたりしていると、われわれは、われわれのこの身体が経験のただなかで果たしている役割を見失ってしまうだろう。

†マクロコスモスとミクロコスモス

要するに、身体は、諸物体のなかにあって特別の意義をもっている。古代ギリシアには、マクロコスモスとしての宇宙に対し、身体をミクロコスモスとする捉え方があった。身体は宇宙のなかの一物体なのではなく、その変化が宇宙の変化と呼応する魔術的な何ものかであるというのである。

確かに黄疸になると風景が黄色くなるように、身体に障害や病気が生じると自然の風景は変質し、行動に変容が生じるばかりではなく、生存をも脅(おびや)かされかねなくなる。それで古来、人々は儀式や食物や運動によって身体を養生し、それによって自然や社会をよりよいものにしようとしてきた。それが「魔術的身体」である。

現代では、科学的な医療体制において、身体に生じる異常に対し、諸器官に物理的な処置を行う手術や、精製された粒子状の薬物の処方や、予防やリハビリの計画的な指導がされ、正常とされる状態に引き戻されるようになっている。統計学的なエビデンスによってそれがなされる点が科学的といわれる所以(ゆえん)なのであるが、それでも人々は相変わらず、人間関係にストレスはないか、何を食べ何を避けるべきか、どのような運動をすべきかと考え、医師の診断と処方よりも、身体にあるとされる自然的治癒力や神秘的統合といった魔術に期待しているように見える。

その知識の不足や推論の欠陥は覆うべくもないが、自分の身体を機械仕掛けの物体に還元されること、あるいは生物であるかぎりは否応(いやおう)ないこととして、――看取りケアがあるにしても――、消極的安楽死させられることへの反発は、分からなくもない。死が間近に迫ったとき、ひとは死を恐れる。死を、物体としての身体が生命的秩序を離れて物質へと分解されると説明されても、あるいは次世代へと個体が入れ替わることを通じて生命の進化が推進されると説明されても、それを淡々と受け容れることは難しいだろう。

人類固有の精神として目覚めた意識のもとで、ひとは生とは何かと思考する。人間の死を目撃し、生物を観察して、いかに生命に関する理論を構築しようとも、しかし、そう思考する意識が生のもとにある以上は、みずからが生成してきた以前のものをみずからの意識にもたらすことは難しい。

アドルノとホルクハイマーは、マナという自然の得体の知れない力に名まえを付けることによって、人類はそれを分かったものとし、支配しようとしてきたと述べた（『啓蒙の弁証法』）。身体は、その代表である。時代により、文化により、さまざまな意味を与えられてきたが、哲学的に重要なことは、分からないものは分からないなりに、しかしそれがわれわれの生き方に対してどのように現われているか、そしてそこで「倫理」という生き方の善悪をどのように生成しているのかを記述することなのである。

3 言説としての倫理

†さまざまな倫理的言説

身体という概念を、「人体」としての視覚表象や、病院で与えられる臨床的身体に還元することなく、宇宙をも反映するわれわれの生の経験の窓口のようなものとして捉え、倫理学をそうした身体のうえに基礎づけなければならない。

意識は身体に発出し、あるときは理性的に、すなわち体調による影響を控除して判断し行動しようともするが、概しては体調を善い状態に保つように判断し行動しようとする。本章冒頭で問題にしたことだが、判断や行動を変えさせる体調も、運動機能や健康状態の変異としてではなく、この身体と意識との対話とみなすべきなのである。

だが、そのまえに、身体の倫理学を言説に表わされた倫理と混同されないように、回り道になるが、言葉のうえでの判断や行動の倫理的意味がどのように成立しているのかを整理しておこう。

たとえば、提供された珍しい料理をまえにしてためらうひとがいたとしよう。そのとき、そのひとにどういうべきか。あるひとは「出されたものを食べるのがルールだよ」というかもしれず、別のひとは「おいしいから食べなければ損だよ」というかもしれず、また別のひとは「つべこべいわずに食べてみろよ」というかもしれず、もしかすると「殺生して食べるのだから文句をいってはいけないよ」などというひともいるかもしれない。

そこでは、出された料理を食べるべきかどうかという、身体にかかわる倫理的な問題に対して、それぞれに法律的、経済的、政治的、宗教的な言説でもって解決しようとしていることが窺える。そのいずれが正しい言い方かはいえないし、その言い方をするひとがどんな思想の持主かとまで考える必要もない。

どんな言い方をするにせよ、それが通じるかどうかは、時と場合と相手の受け取り方次第である。どのタイプの言説を選ぶかは、人物によるかもしれず、人間関係によるかもしれず、その場の雰囲気によるかもしれず、状況によるかもしれないが、そうした言い方で料理を提供したひととのあいだに、あるいは一緒に食事している人々とのあいだに生じる倫理的問題を解決しようとしているといえる。

なぜそうした言説が問題を解決し得るのかについては、宗教、政治、経済、法律という分類に応じて、それぞれ宗教学、政治学、経済学、法律学が対象とする人間活動について検討すればよいであろう。その本質や現象や論理については、それぞれ専門の研究があるから、ここでは立ち入らない。ただ、倫理学的観点からは、それらの分類は倫理の派生系であって、言説によって与えられる倫理的問題の解決の四つの系があるとみなすことができる。

この四つの系に純粋倫理を加えれば五つの系となるが、それだけしかないというわけではなく、学問、芸術、文学、性、スポーツ、ゲーム等々の系も挙げ得るであろう。それらが社会活動の全体からすると部分的にしか出現しないので、ここに加えていないだけである。しかも、これら五つの系が普遍的であるというつもりもなく、たまたま現代社会において分類可能であるからという理由で取り上げている。他の時代や文化に応じては、異なった系が社会において主要になるということもあるだろう。

また、そのそれぞれの系で論じられる内容を現実的なものにする制度が社会に見出だされるわけだが、制度があるからそれぞれの言説の系が生じるのではなく、逆に、純粋倫理のなかから、公理系のようにして、その系の言説の展開のなかにそうした制度が形成されてきたと捉えるべきであろう。

制度は、人々がそれがあると思っているから成り立つという意味での単なる観念ではないが、社会が形成されると自然に成立するという意味での構築物でもない。系とは、当初のいくつかの概念が相互に規定しあいながら変化し、新たな概念のもとで複合的な事象が形成されるネットワークのことであり、制度と見えるものはその沈殿物にほかならない。それで、倫理的問題を解決するはずの制度が、あたかも自由な行動の足枷のように見えてくるわけである。

†言説による倫理的解決

さて、現代にはこうした言説の五つの系があるとはいえ、具体的事例においては、これらの分類に明確に従って言説を行使することは困難であり、混同されがちであり、あるいは特定の系の言説に固執されがちであり、その結果としてなかなか倫理的問題の解決には到らない。運命を天に任せるのも、権力者の鶴の一声を待つのも、相場を見て損得の清算をするのも、裁判に訴えるのも、土下座するのも、真の解決ではない。

たとえば、航空機事故があったとしよう。遺族が企業に対してより多くの賠償金を求めて裁判するということになれば、それは法律的な解決を目指すばかりではなく、金額の多寡については経済的、行政のあり方については政治的、慰霊の儀式は宗教的に解決が目指されているといえる。そして、とりわけ、企業の謝罪を求めるところに純粋倫理的問題が出現する。

その解決のどこに重点があるかは、遺族によって異なる。企業を罰したいのか、賠償金を多くしたいのか、政府に過失があることを暴露したいのか、大規模な鎮魂の儀式をしてもらいたいのか。とりわけ、企業に心から謝ってもらいたいと思う遺族は、形式的謝罪に納得していないがゆえに、他の解決を受け容れようとしないように見える。

どの系において解決が目指されるかはまちまちであるが、家族の喪失に激しい心痛を抱く遺族にとっては、何十年ものあいだの謝罪と慰霊とを経なければ、解決とは認めないであろう。裁判所が企業の責任をあまり認めなかったり、行政が責任を回避しようとしたり、企業が賠償金を渡してそれで解決としたりすれば、その年月はなお一層長くかかるであろう。

とはいえ、純粋倫理としては、死者が甦ってこないかぎり、どんな言説といえども役には立たない。何度謝罪が繰り返されようとも、言葉にされたものは心の正確な写しではないのだから、謝罪の言葉には必然的に嘘が含まれる。「謝ればいいのだろう」という言い方には何の謝罪もないとだれしも認めるようにである。まして、「互いに善いところも悪いところもある」という本当のことをいったのではまったく謝罪にはならない。マキアヴェリが勧めているように、酷なことをしたうえで過分の謝罪をすることによって人間関係を作っていくあざとい政治すらある。

謝罪は、倫理的問題を解決する善い言説ではある。しかし、謝罪以外の言動がずっと問題にされ続ける。形式的な宗教的言説、自身の権力的立場を維持したままの政治的言説、利害調整をするだけの経済的言説、ただ規則を遵守するという法律的言説に依拠しているのなら、それらは偽善なのであり、受け容れられないであろう。

謝罪は、自分が悪であり相手が善であるとする言説でなければならないが、謝罪の言説それ自体は善であるのだから、謝罪の言説は謝罪するひとにとってのひとつの矛盾である。自分が悪であることを認めるという善を行うというのはどのようなことなのか。むしろ、こういった方がよい。謝罪はみな偽善であり、相手の心情を慮って(おもんぱか)いることを告げて相手の荒ぶる情念を鎮(しず)めようとすることでしかない。もし真に自分が悪であると認めるなら、——親鸞が「悪人正機」として述べていたように——、謝罪とは別のことがなされるであろう。

†言説の四つのタイプ

ここで、これまで述べてきた四つの言説のタイプを整理しておこう。

第一には宗教的言説である。宗教には、神託、お告げ、預言、呪文等々の言説がまずあり、神官たちはそれを駆使しつつ形式的でしかない儀式を執り行う。逆説的であるが、それらは意味を奪われた言説である。もし意味があれば信者たちはそれらを合理的に捉えようとするであろうし、その結果として神官たちの権威は剝がれ落ち、宗教団体は解散するであろう。しかし、意味がない言説にも倫理的な意味はある。神とは最も意味のない語、謎に名まえを与えた語である。信者たちの信仰を篤(あつ)くするという目的のためには、言説の意味を教えてはならないのである。

第二には政治的言説である。政治には、命令、告示、警告、通告等々の言説がまずあり、役人たちはそれを駆使して秩序を守らない人物に対する見せしめを行う。逆説的であるが、それらは根拠のない言説である。法律は規準であって、根拠ではない。根拠があれば人々はその正当性を論じて、従うものとそうでないものを区別するであろうが、その結果として役人たちの権威は剝がれ落ち、社会秩序は不安定になるであろう。しかし、根拠がない言説にも、倫理的な意味はある。王の名によってなされることには最も根拠がない。統治を維持するという目的のためには、言説に根拠を与えてはならないのである。

なるほど、ベンタムの功利主義も政治的言説のひとつである。それは最大多数の最大幸福という原理を根拠として統治しようとするものであった。従来の自然法思想の批判から展開されたのであるが、――すでにパスカルが為政者の欺瞞であって「法律は習慣によるる」と看破していたように――、自然法は根拠を神の命令とするもので、その意味のない宗教的言説で根拠の不在を隠していた。それとは異なって原理によって根拠を示した功利主義ではあったが、しかしそれは、――フーコーが指摘したように「パノプティコン（一望監視装置）」でもあって――、監視社会および生命政治の原理へと変質してしまい、今日では神の眼のごときものによって見守られたすべてのひとの行為を、根拠のない永遠の生命へと導く政治となってしまっている。

第三には経済的言説である。経済には、契約、約束、期日、貨幣等々の言説がまずあり、一般の人々はそれを駆使してさまざまな事物の所有と流通を行う。逆説的であるが、それらは保証のない言説である。もし自然現象のように必ず実現するという意味での保証があるとすれば、人々はその言説に即した行動をしようとは思わず、その結果として相互の信用が失われ、経済秩序は崩壊するであろう。信用はそれを裏切るひとがいるなかでのみ出現する倫理である。信用が経済を可能にするのではなく、経済が信用を作り出す。しかし、保証のない言説にも、倫理的な意味はある。未来の夢にこそ最も保証がない。豊かになるため、あるいは経済成長のためには保証をしてはならないのである。

第四には法律的言説である。法律には条文、告訴、裁判、判決等々の言説がまずあり、法律家たちはそれを駆使して人々の置かれる状態を決定する。逆説的であるが、それらは正義のない言説である。正義があれば、人々は法廷に訴える必要はないし、裁判官が作り出す判決に従う必要もない。その結果として法廷の権威は剝がれ落ち、法秩序はなしくずしにされるであろう。勝利にこそ最も正義がない。勝った側が正義とされるだけなのだからである。しかし、正義のない言説にも、倫理的な意味はある。社会の安定のためには正義の判決をしてはならない。法律がどのような欠陥をもっていようと、法律の条文に即した判決をしなければならないのである。

以上、意味のない言説、根拠のない言説、保証のない言説、正義のない言説は、言語を意味の伝達の道具と前提するひとからすれば奇妙な言説でしかないが、倫理的問題の表現や解決の装置としては有意義な歴史的文化的産物である。ただし、それらの言説が有効であるのは、言説以前の倫理がそれらを支えているからである。

†記述としての言葉

それにしても、以上のような言説が完全には倫理的問題を解決できないでいるのはどうしてであろうか。言葉の縺(もつ)れが、どうして生じてくるのだろうか。そのわけは、人々が言葉には意味があると信じてきたからである。

人々は、言葉においては、意味の伝達という機能がその本質であるとし、言説において生じる他の効果については、それらを派生的なものであると捉えてきた。しかし、言葉の意味とされているものは、辞書に書いてあるように、別の言説で置き換えられたものでしかない。意味とされる知覚対象が指を差して指示できると考えているひとは、指を差すということが、矢印と同様の言葉の一種であることを忘れている。しかも、指差せない無数の語がある。言葉の意味を思考対象としての観念であると考えているひとは、人々が相互におなじ観念をもっているかどうかについても言葉で示し合わなければならないことを忘れている。

もちろん、そうしたことを精密に行うことによって、知覚対象や観念を言葉に比較的正確に意味させることはできる。そうした技術によって言葉においてそれらを「記述」することができるようにはなる。しかし、記述は、議会における立法や、裁判所における弁論や、学問における論述において派生した言説のひとつの機能でしかない。しかも、それらがいかに生活における言説とはかけ離れた特殊な言いまわしを用いるかはよく知られている。それを使いこなす技術は学校教育で教えられるが、社会人になっても完全にはできないひとが多い。できなくても、日常生活で困ることは少ない。

ともあれ、そのような記述というタイプの言説の用法のもとで、多くの哲学者たちは、論理に頼るあまりに、倫理を法廷弁論のようなものにしてしまったように思う。つまり、言説のうえで当事者が否応なく納得させられるものが倫理であると前提してしまった。

しかし、「納得できる（論理的に正しい）」ということと、「善い（倫理的に正しい）」ということはおなじではない。多くのひとにとって、論理的には正しくても嫌なものは嫌、できないことはできないであろう。しかも、人々はしばしば論証を、自分の行動の善悪についてではなく、自分が嫌なことをやらないで済む理由、ひとにやらせてよい理由を探すのに使っている。たとえだれから見ても場違いである噴飯ものの論理であってすら、それをいうことで、最低限そのひとが嫌がっていることを示すことができる。

哲学者たちは人々が感情に流されてそのように語ると考えるが、その感情を引き起こす倫理こそが主題でなくてはならない。そもそも、語るということは、それほど倫理に中立的なことなのだろうか？　それほど非破壊的なことなのだろうか？——学問は、純粋な思考にとどまることなく、語ることの権能において成立するが、語ること自体は必ずしも倫理的ではない。それはとりわけ権力的であり破壊的であり、記述というよりは命令であって、政治的であり法律的である。そして、ときに経済的ないし宗教的でもある。レトリックによって感情を喚起して、得か損か、快を与えるか苦を生じさせるかを匂わせ、ひとの判断や行動を変えさせる。宗教における、天国に行けるかどうか、現世利益があるかどうかも、それに準じる。

純粋倫理について語るひとも、教師か政治家か年寄りのように、人間の善い判断、善い行動、悪い判断、悪い行動について饒舌（じょうぜつ）に語るが、そもそもそれを語るという点に問題がある。善は実践における主題である。言葉にされた善に従う判断や行動が、実践における善であるとはいえない。言説上の善悪より、実践上の倫理が先立つのである。

認識されるような善は存在しない。言葉にされた善は、偽善であるばかりでなく、権力の声である。善悪は空疎な概念だというつもりはない。ひとの行動や発想に圧力をかけるレトリックに過ぎないというつもりもない。善や悪という概念を使用する言説は威力をもっている。その威力の源泉はどこにあるかと問うべきなのである。

†倫理について語る

今日に至るまで、さまざまなタイプの言説の運用によって倫理的問題の解決がはかられてきた。倫理的問題は、宗教的には心の平安の問題に、政治的には支配の受容の問題に、経済的には貨幣のやり取りの問題に、法律的には裁判の勝敗の問題に置き換えられてきた。

そのなかで、状況に応じてどのタイプの言説のどのような組み合わせによって解決すべきかが倫理学的問題であると考えられるようになった。だが、そのやり方自体が、純粋倫理的側面に目を瞑(つむ)って、各領域での倫理的解決を受け容れるべきであるとする倫理でもあった。言説が力をもたないような始原的な倫理が常にもっと重要であるのだが、倫理学においては、そのことが忘れられてきたように思う。

では、倫理学は、本来、どのように言葉を使用するべきなのだろうか。言葉が何であるかについては多くの議論があるが、いずれにせよ言葉をただひとつの機能によって説明するのは誤りである。概して、学問においては記述、すなわち絵を描くようにして対象の写しになる表現が目指されるのに対し、日常においては情動（集団的伝染的な感情）、すなわち相手が反応するための表現や、相手との関係を変化させるための表現が目指される。

たとえば、ある西欧人が、「人間は理性的な議論によって物事を決定する」と書いたとすると、それは西欧人がみなそうしているからではなく、そうしていないひとが多くいるから、あるいはそうでないひとを「動物」とみなしているからである。また、「日本人は幸福であると思っているひとが少ない」という統計結果が出たら、それは日本人が他国人と比べて実際に不幸なのではなく、幸福を多く求めているから、あるいは現状維持を望んで幸福を求めないようにしているからである。

概して世間では、「ひとはいつ死ぬか分からない」とか「ひとはみな平和を望んでいる」というように、不安や希望の内容が「事実」として語られる。ヒュームは「存在（〜であること）から当為（〜すべきこと）を引き出してはならない」と述べたが、逆なのだ。すでに存在のなかに当為が隠されているのが普通なのである。

いやしくも学問であるならば、言説の情動的効果をかぎりなく分離して記述に徹するように努めるべきであろう。倫理学は倫理的なものについて記述し、さらにその根拠となるものを記述すべきであろう。とりわけ他の学問とは異なって、実践とは何かについて論じなければならず、その際には、言葉の働きについてふまえるかぎりにおいて、倫理学自身における語る行為がその理論を裏切ることになるというのに気づいておく必要がある。

というのも、思考しているときに生じてくる言葉の列としての言説は、それ自身の動機と秩序とをもっている。思考は理性の仕事であるから、冷静であって情念（個人的受動的な感情）は関わらないと考えられているが、理性的推論を遂行するのは、夢中になってパズルを解くのと同様の情念である。その情念に囚われた結果、当初の問いの目指していたものが忘れられ、公式や図式や表や一覧や見取り図や鳥瞰図や系統樹や曼荼羅のようなものが、その問いの答えに取って代わる。

それらは、問いの答えではなく、言説によって生産された「理論」に過ぎない。現象学が教えているように、理論は、記述されたものではなく、構築されたものである。知覚された諸経験を透視するかのようにして構想された機械の見取り図ないし設計図に過ぎない。それがもし政治的目的のために与えられるのであればイデオロギーであり、宗教的目的のために与えられるのであればドグマである。人々は、経験が理論、すなわち概念によって組み立てられた図式で説明されたあとには、生きられていた経験を忘れてしまう。理論は抽象ないし捨象であり、それで説明しきれずに残された経験がある。理論によって改変され破壊された経験のなかで、それを見ることすらできなくなってしまうのである。

もとより、問いの答えは真理でなければならない。ところが、その「真理」という語の意味自体が、人々のあいだではただちにファンタジーに取って代えられてしまう。それに満足するのは言説という行動であって、思考ではない。ひとは言葉に振り回されるのである。概念を使用しているからといって、学問的な言説は、決定的でも絶対的でもない。それもまた日常的言説といつのまにか混じり合い、学者のあいだであってすら、利害や名声を巡る論争を生みだす。すでにデカルトが注意を喚起していたのだが、言葉は学問を可能にするとはいえ、学問のためにあるわけではないのだから、学問性を維持するための細心の注意が必要なのである。

では、どうするか。真理の原義には「隠されたもの」というものがある。思考するとは、それを暴露することである。言説のおのずから進む系に沿ってではなく、言説がそこから生じてくる源泉を暴露しなければならない。とすれば、倫理学において、「真の善」や「実践の理論」を語るべきではない。語られた倫理に対して、それが語られる理由や条件といった「語り難いもの」について語らなければならないのである。

倫理学が今日なお必要であるとすれば、それは「倫理」というその語を、現代の、本質なき人間とその茫漠たる世界について語るためである。世間で語られている倫理的なものの評価、「善し悪し」について評論することよりも、その学問によってどのような実践をすべきなのかということについて語ることを目指すべきではないだろうか。

4　意識の受動性

†倫理的意識

以上で身体と言説についての予備的考察が終わったので、いよいよ身体とは切り離し難いものとしての倫理の考察に移ろう。

たとえばハンムラビ法典の「眼には眼を」という原則は法律のさきがけとしてよく知られているが、とはいえ、盲目にされたひとにとっては到底納得できるものではなかったであろう。相手もおなじ目にあうことで恨みの情念は薄まるにしても、視覚世界を奪われたということを受容するに至るには、それだけの時間と思考と環境とが必要である。

人々は倫理的問題を宗教や政治や経済や法律といったタイプの言説に沿って解決しようとしてきたが、そこで得られる解決は真の解決ではない。解決と称してその問題を「解消」させようとするが、問題自体は残存する。当事者においてくすぶり続け、あるいは別の事例において再燃する。しばしば被害者によって述べられる「おなじことが起こらないように」という言説にそのことが表現されているように思われる――きれいごとなのではない、どの身体にも起こり得ることは、情動を介して我が身体にも起こることとして経験されるのであって、フラッシュバックが起こるに違いないようなことなのである。

　この残存するものをトラウマとかPTSDといった精神病理学的用語による言説で説明するのでは不十分である。言説は、心の状態の記述ではない。「眼には眼を」とされ、その言説を通じて倫理的問題に拘る意識を中和することはできても、その意識が消え去るわけではない。倫理的問題の所在をまで蒸発させるのはだれにとっても困難であるが、それは個々の意識の心理や病理としてではなく、意識の本性としてなのだからである。

　意識は精神によってではなく、身体によって発生する。意識とは、ただ心にディスプレイが点灯してさまざまな表象が知覚されるといったようなものではない。風景のなかにあるものの物理現象として、個々の対象の知覚が生じているのではない。「物理現象」として捉えるにはむしろ学問的な技術が必要なのであって、――さしあたりは「きれい（美しい）」とか「汚い（醜い）」といった印象であれ――、そこは倫理的問題が情念の熱と力を伴って知覚される場なのである。

　したがって、意識のもたらす風景は、精神が自由に切り替えたりできるようなものではない。それは、――英語で「意識 consciousness」がはじめから「良心 conscience」の同根語であったように――、倫理的問題への意識を通じて、ひとによって異なって見えている。精神は意識する側にではなく、意識させられる側にあり、そうした情念を排除するために多様な工夫を強いられて、それでも思い通りにならないことが多い。意識は精神の一部であるかのように理解されてきたが、このような受動的な経験を、もっと具に検討してみる必要がある。

†今日の意識概念

意識とは何であろうか。少なくともそれは一七世紀まで、概念としては知られてはいなかった。しかもロックがそれを提示した当初は「気づくこと」といった程度の意味であったから、今日の意識概念に含まれる「朦朧とした意識」のようなものまでは、対象とされてはいなかった。

今日まで、この意識概念は、大脳生理学においても、情報科学においても、しかし何ら解明されないままに受容されている。何のことか、どうやって生じるのかともし問われるならば、脳におけるシナプスが多数となり複雑になれば自動的に点灯するとでもされる。それで「コンピュータも意識を持ち得るか」などといった偽問題が議論されたりする。偽問題とは、前提や条件において不可能なこと、非現実的なことが措定されているような問題である。その先の議論がいかに論理的であっても徒労である。むしろ、意識とは何かを先に論じるべきであろう。

意識は、一九世紀末になると、ベルクソンやフッサールやジェイムズによって、精神の基本的な形式、「体験流」のようなものとして定義される。そこでは、精神が働いているときには常に意識があるとされた。「見当識」という、交通事故にあったときに曜日等を聞かれて確認される意識状態もそのひとつであり、明晰な意識からぼんやりとした意識、朦朧とした意識、睡眠や失神まで、意識の明晰さの諸段階があるとされている。

とはいえ、これは他人の言動の観察結果において測定されるものでしかない。他人に自分と同様な意識があると推定しているだけであり、だからこそ動物やロボットにも意識を想定することができる。しかし、意識が何かを理解するにあたっては、他人に意識があるとされる兆候、その動作や表情や反応から分析するのでは本末転倒であろう。ひとは自分の意識をしか知らないのであるから、自分の意識経験について考察すべきであろう。その経験によって他人の意識の推定もしているのであって、それこそが意識が何であるかを理解する唯一の手がかりなのである。

†意識と明晰さ

最初にロックによって意識が概念化されたとき、意識とは対象の知覚であると同時にその知覚をしていることについての知覚、自己の知覚のことであるとされた（『人間知性論』）。つまり、経験に何かが現われたとき、それを自分が知覚していることを知っているということである。

今日でも、ぼんやりとしたさまざまな感覚があるとき、あるいは朦朧として幻覚に囚われているようなときは、眠っているわけではなくても「意識的である」とはいわれない。意識は、「差別問題への意識がある」とか「好きなひとを意識する」といったような用例において、ひとによって、ときによってあったりなかったりするものとして一般に理解されている。

この意味での「意識する」とは、明晰であろうとすること、すなわち自己を知覚しつつ対象を知覚しようと努め、あるいはそれを記憶して忘れまいとすることである。とはいえ、そう努めなければならないということは、そうでないあいだの意識が、何かに気づかされることでしかなく、それはまた容易に忘れられるものなのだということである。

意識はみずからを直接に明晰にする能力をもっていないし、みずからを容易に失いがちである。明晰に意識するための手段としては、メモを目につきやすいところに残しておくとか、コーヒーを飲んだり体操したりするといったような間接的なもの、つまり身体を媒介して成り立つものしかない。それにしても、意識の明晰さの段階は、身体的諸条件によって絶えず変動する。意識はひとりでに朦朧としてきたり、散漫となったり、別の対象へと逸れていったりする。

したがって、「意識する」という動詞を、「歩く」といったような能動的、あるいは主体的な行動を示す動詞と同様にみなすべきではない。ロックのいう意識に対し、眠っていはいないが、かといって意識的ではないような精神の諸状態についても、やはり意識に含めて考察すべきであろう。

†明晰さの諸段階

実際、ロックのすぐあとのライプニッツが、意識には明晰な段階と朦朧とした段階（混濁した意識）のあいだの諸段階があると述べていた（『モナドロジー』）。日常用語で「ボーっとしていた」などというが、確かに現在の意識がどのような段階にあるかについての意識はある。

それでサルトルは、「意識についての意識」を論じたのだったが（『自我の超越性』）、対象の知覚と同様にして知覚される自己の意識とは何であろうか。それは現在の意識がどの程度の明晰さのもとにあるかについての感覚でしかないのではないか。どんな感覚もしばしば欺くように、この意識についての感覚もまた、その**意識自身の明晰さの段階に依拠する**

がゆえに、当該の意識がどの程度明晰だったかについては当てにはならないのではないか。意識の明晰さについての感覚と、実際に意識が明晰であることとは異なる。たとえ意識がみずからを明晰な意識であると感覚していたとしても、それは、必ずしも本人の言動とは合致しない。たとえば酔っているときのように、ひとは朦朧としているからこそ意識は明晰だと主張したりもするし、意識が明晰であるという感覚のもとでこそ、詐欺にひっかかったり、陰謀論にとりつかれたりもする。そもそも幻覚や錯覚が可能なのは、その瞬間に意識が明晰であるという感覚があるからなのである。

　このように、意識が明晰であると感じているときに不適切な言動をしてしまったりするが、逆に、事故や病気のようなときに、意識が朦朧としていてさえ、救急車を呼んだりなど、適切な言動をすることもある。意識を、明晰と朦朧というひとつの尺度で測り、ひとは、意識が明晰であると感じていればいるほど適切な言動をするとみなすべきではないであろう。

　意識には明晰さの諸段階があり、明晰であろうと努力することが可能ではあるにしても、意識が明晰であると感じること、意識が実際に明晰であること、状況に適切に対応した言動が取れること、この三つは別のことなのである。

†無意識

意識のそうした独特の特性に関して、フロイトは、そこに無意識という、意識にとって超越的なメカニズムの介入を想定した(『自我とエス』)。この無意識は、ライプニッツのいう「朦朧とした意識(混濁した意識)」のことではない。意識の一段階ではなく、原理的に意識することが不可能なものであり、そこにある何ものかが、意識の内容ばかりでなく、意識するか否か、適切な言動をするかどうかをまでも規定しているというのである。そこでは、言動を適切なものにするとされてきた意識の明晰さの感覚は、基本的に錯覚だとされることになる。

フロイトは、この無意識の「何ものか」を、エロスとタナトスという本能に従うリビドーエネルギーの流体力学的機械であると想定し、「エス(それ)」と呼んだ。かれはこの理論を、デカルト以来の、世界が機械仕掛けであるとするエピステーメーのもとで構築し、そうした仮想機械のシミュレーションによって、人間の非理性的言動についてのアドバイス(精神分析)をしたわけである。

しかし、それは経験の真実を教えるものではなく、科学技術によって発明された諸機械と同様に、人間活動に便宜を与えるためのものでしかなかった。古代ギリシア悲劇を枠組にしたかれの観念論的理論は、非理性的経験を認知心理学的バイアスとして描く行動経済学や、大脳生理学の描く脳地図に投影する脳科学のさきがけであるが、かれ自身の明晰な意識によって与えられる対象の観念に依拠して構築されたものに過ぎない。かれの理論に忠実に従えば、無意識自身がみずからの真実を描き出すわけがなく、「無意識が知られざる理由からそれらの理論を正しいと意識するように描き出させたものである」ということにしかならないのではないか。

問題は「意識とは何か」であるのに、それを意識の生産物としての理論によって説明しても理解したことにはならない。そればかりか、理論が明晰な意識によって構築されるために、朦朧とした意識の経験が意識の明晰さの単なる欠如として排除されることになる。真に朦朧とした意識を、フロイトのいう「無意識」とは異なって、意識が明晰なものとして出現してくる以前の経験、意識によって理論化される以前の身体の生の経験として見出だすべきではないだろうか。

5 能動性の経験

倫理的なものが生起している場は、明晰な意識ではなく、精神分析的無意識でもなく、「朦朧とした意識」である。その意味で、意識ならびに善悪の判断や行動が身体から生じているとするならば、しかしながら、判断や行動を巡って議論する倫理的主体、その議論によって判断したり行動したりする主体、それらを実現しようと意志する主体は存在しないということになるのだろうか。意志は、明晰な意識が判断して行動するというような精神の存在を前提するが、身体と意識の関係を視野に入れつつ、精神という経験がなぜ、どのようにして成り立つかを考察する必要がある。

†意識と脳

かつてベンジャミン・リベットによる実験が、人間が自分の言動を意識的に決定するまえにその決定を示す現象が脳に出現することを示して、精神を身体から独立したものとみなす観念論者たちに衝撃を与えた。とはいえ、その実験結果だけで、精神のすべての経験を脳の機能に還元してよいということにはならない。

そもそも脳科学においては、脳の現象を調べる基準が、判断であれ、行動であれ、意志であれ、意識の心理学的内容によってしか規定されていない。心理学が探究する意識内容は、社会的実践における言動を表現する諸言説によって与えられる。脳科学が、そうした社会的実践に対応する生理学的現象を脳のなかに捜し求めるということは、社会で生起する倫理的問題を生理学的問題に変換しようとすることである。その結果、言動に問題のある人物に対して、精神科の医師が、脳の障害に起因する「病気」としてうつ病や発達障害等の診断を下すわけだが、それは、該当者に「患者」という身分を与え、その言動を拘束するといった政治を正当化することになる。

脳科学が、精神の原因が脳であると主張するためには、脳の機構によって説明される精神活動を心理学的内容とは別に、独自にそこに見出さなければならない。脳の活動の結果として観察されるものは生理学的現象でしかないのだから、それがどのようにして意識内容に変換されるかについての実証的理論が与えられなければならない。さもなければ、脳と心理学的内容については「相関性」をしか見出だせないのである。

そうした相関性は、しかし、「どきどきする」という言い方が心臓の鼓動と心の緊張を任意に表現するように、身体と精神を明確に分離していなかった古代からお馴染(なじ)みの魔術的なものでしかない。それが、脳内の現象が可視化されるようになって拡張されただけである。不安を意識するまえから脈拍が上昇していたとしても、——心不全に対する不安ではないかぎり——、だれも不安の原因が脈拍の上昇であるとは考えないだろう。リベットの実験のように、脳において起こっていることが意識において起こることに先立つとしても、――稲光が雷鳴より先立つが雷鳴の原因ではないように――、意識の「原因」であるとはいえないのである。

もし意識の現象とその内容が脳によって与えられるとするならば、それは脳ばかりではなく脳に作用するさまざまな原因の結果に過ぎないということになり、すべての意識経験は受動的であるということになる。しかし、意識には、みずから判断し、行動しようとする能動的な経験がある。その経験も受動的だと否定しようとするにしても、その否定自体は能動的なのではないだろうか。意識が眠りのなかから受動的に生じてくるのはその通りであるとしても、明晰な意識が朦朧とした意識のなかからいかにして生じてくるのかをあきらかにしなければならない。

†能動性

意識が能動的になることがあるとしたら、それはどのようなことであり、どのようにしてであろうか。

とはいえ、能動的か受動的かは、容易に観点を入れ替えることができる。「わたしは怒りによってかれを殴った」は、「かれはわたしに怒りによって殴られた」と言い換えられるが、「怒りがわたしにかれを殴らせた」とも言い換えられる。似たような状況を記述しているにせよ、それらは倫理的問題を解決する言説の文脈によって区別される。その文脈のなかに、意志の現象が出現する。

しかし、意志の現象は、洗脳されたり、催眠術にかけられたりしている場合と相対的でしかない。自身においては、識別し難い。だれかが指示を出していないにしても、ひとは催眠術にかけられたようにして、周囲の集団、家族や友人や組織の指示に従う。そうではなく自分の意志だと思っていても、社会にはドグマがあり、イデオロギーがあり、ファンタジーがあり、ルールがあって、ひとはそれらに従う。「自分の意志で判断し、行動すべきである」とする意志すら、西欧近代のイデオロギーによるといえなくもない。

言葉の用法として、意志は、宗教においては神の命令への積極的服従として、政治においては君主の命令の無慈悲さの受容として、経済においては信用を作るための契約の遵守として、法律においては特定の行動の罰や補償の程度に即した責任として仮想されてきたに過ぎない。それにもかかわらず、ひとは意志を心のなかに捜し求めて、人々の一つひとつの言動に適用しようとし、人格という理念のもとにその散乱した言動を再構成しようとしてきた。

純粋倫理においても善意と悪意の区別がなされるが、集団のなかで善意と偽善は裏腹な関係にあるし、たとえば嫉(ねた)みによってひとの足を掬(すく)おうとする悪意ですら、そのひとの育ちや劣等感などを考慮に入れれば、その行動は悪意というよりは哀れさに由来する。

無論、裁判において、殺人か過失致死かを区別する「殺意」の有無は重要である。それであっても、そうした意志の有無が容疑者の内心に明確な指標をもって現われているのではなく、問題となっているのは、被害者が死んでしまうという予期も無視して、あるいはそれを期待して遂行したかどうかという「事実」でしかない。意志自体は経験することはできず、あとになってから言動を倫理的文脈で整理するときにその語が使用されるのである。

ベンタムも、ひとは動物と同様に苦を上回る快を求めているのみだと論じ、ただそれを予期して判断や行動を決定することをもって「意志」とした（『道徳と立法の原理序説』）。ただし、そこには短期的観点と長期的観点とがあって、長期的観点を無視する行動は「病的」であるとした。正常なひとは長期的観点で苦を上回る快の量を極大化するために、短期的観点における快を断念したり苦に甘んじたりし得るのだからである。

ここで、長期的観点が「意志」に、短期的観点が「欲望」に対応するわけではないことを付け加えておいた方がよいかもしれない。なるほど、意志は変わらず存続しようとするもののことであり、目的手段連関を意識するがゆえに長期的である傾向が強く、欲望は瞬発的かつ衝動的で、満たされれば消え去るがゆえに短期的である傾向が強いとはいえる。

しかし、他方、行動の目的が善であれば意志、悪であれば欲望と呼ばれることも多い。意志と欲望は、わが国では「意欲」として纏（まと）められてしまうほど相対的なものであり、倫理的評価に左右される表現であって、その定義も文化と時代によって異なる。人間経験にとって普遍的な対立ではないと理解しておくべきであろう。

ともあれ、ひとがどの程度の時間的スパンで快苦の計算をするかはまちまちである。ギャンブラーや認知症のひとのように刹那を生きるか、十年後ないし人生全体、さらには家族や社会や国家の歴史をまで把捉するかは、ひとによる。過去から未来へのそうした時間把持の広さに「意志」を見出だすこともできなくはないが、とはいえ、われわれ一人ひとりは、その把持の度合いを決定することのできる特別な意志（メタ意志？）を持っているわけではない。われわれの意識は、特定の時間を任意に把持することのできるような神的なものではなく、それ自身、この宇宙の断片的時間でしかない。せいぜい人生、すなわち自分の身体の死に至るまで、あるいは子どもの成長にまでしか拡げられない。しかも、この時間把持自体は受動的経験であり、ただ観点が長期的なひとほど能動的に見えるという次第なのである。

†与えられる意識

それでは、短い時間把持には意志はないのだろうか。たとえば、眼のまえに飛んでくる石を知覚したとき、ひとはそれを避けようとするが、それは、そこに生じ得るのが自分の苦痛だからである。あらゆる現象は絶えず変化しているが、われわれはそのなかの特定のものがどう変化するかに注目し、追跡しているときに「意識していた」といい、注目していなかったものが突然自分に対して現われたときには「意識していなかった」という。

生理学的に説明するとすれば、視野における中心部分はくっきりとしているが、周辺部ではぼんやりしており、そこに飛来する石があって、自分の身体にぶつかる可能性が察知されれば、ひとはおのずとそれが視野の中心に来るように頭や眼球を動かす。危険に対して用心し、探索するように明晰に意識しているときはその動きは素早いが、意識がぼんやりしているときは遅れ気味であり、朦朧としているときにはそれがうまくできないという違いがある。

意識が朦朧としているとは、さまざまな知覚ないし幻覚が消えては現われてとめどなく、それが他人事のようにただ起こっているというように経験されている状態であるといっていいであろう。それに対して、明晰な意識とは、漠然とした諸知覚のなかの特定の知覚が限定され、ロックの表現に従うなら、それが同時に自分の知覚であると知っていることである。

だが、明晰な意識それ自体もまた、漠然とした諸知覚のなかからおのずから与えられる。もし明晰な意識が知覚対象に真にみずから気づいたのであるなら、なぜそれを探索している時点では気づいていなかったのか。というのも、気づいていないものは明晰には意識されていなかったものなのであるし、気づいた以上は、それ以前には明晰に意識されていなかったはずなのである。用心し、探索している意識にできることも間接的なものでしかなく、ある程度対象がくっきりするまでは自分から対象の知覚を与えることはできない。否、それを与えようとして、かえって幻影を見るということすら起こる。

逆に、対象を意識することができないほど意識が朦朧としていたとしても、それでもなお身体は、「反射」という、意識するまでもなく体を動かしたり眼を瞑ったりする動作を引き起こす。明晰な意識によって飛んでくる石を避けるのと、朦朧とした意識のもと、反射的にこれを避けるのと、そのあいだに意識の明晰さの違いがある。意識は基本的に受動的であるとはいえ、一律ではなく、多様で複雑な経験の仕方があって、そのひとつとして能動性の経験があると理解すべきであろう。

†意識と感覚

ところで、石を避け損なうと怪我をするわけであるが、しばしば怪我した直後に、痛みを感じないことがある。「興奮状態だった」などと心理学的な説明が与えられたりはするが、興奮したら痛みを感じない理由や機構は謎である。事実としてはただ、飛んできた石など、出来事に対する意識があって、自分の身体についての意識がないから痛みを感じていない。その後、痛みを意識するようになるわけだが、痛みは脳が作り出す感覚なのであるから、感じられていなかったあいだの痛みは、痛みではない。逆説的だが、痛みが感じられるまえに、痛みがまず意識される。意識されたあとになって、意識していなかった痛みがすでに生じていたというように、意識されるまえの過去が占拠される。

そこに、「識閾」というが、同等の怪我でもひとによって痛みを感じはじめる水準の違いがある。我慢強さの問題ではない。気にするかしないかという性格の問題でもない。それはひとにもよるが、状況や環境にもよる。意識がどこに向かっているかにもよる。

しかし、意識が痛みの原因であるというのではない。痛みの原因は怪我による身体の反応である。自然のなかの因果性によって痛みが生じるのではなく、いわば身体が身体の変異を意識させようとして痛みを作り出す。だからこそ、もしほかに気がかりなことがあれば、痛みは気づかれなかったり、一旦気づかれても忘れられることがある。痛みの感覚が現われるのは、意識が自分の身体の経験に閉じ込められていくに応じてなのである。

それゆえ、意識を失って、眠ってしまえば痛みは消える。とはいえ、眠ることを直接的に意志することはできない。「痛みが眠りを妨げる」からではない。痛みが続くと意識されているからである。そのかぎりにおいて眠ることが難しくなる。眠りを妨げているのは痛みではなく意識なのであり、痛みについての意識があるかぎり眠ってはいないのだからである。

しかし、それでも眠りはやってくる。あまりに痛いと、それだけでひとは気絶する。唐突に眠ってしまう。いつ眠ったかを意識は知らない。眠りつつあると意識することは、眠れないと意識するのと同様にして、まだ眠ってはいない。眠ってしまったとしても、いつでも身体は痛みという感覚を伴って意識を目覚めさせる。排泄や寒さの感覚のこともある。睡眠と覚醒を支配しているのは、意識ではまったくなく、身体なのである。

†睡眠と覚醒

睡眠こそ、疑いようもなく受動的な経験である。意識の諸段階のひとつですらない。しかし、脳死状態や植物状態を除けば、生きているかぎり、ひとは眠りから覚めてくる。しかも、おのずと覚めてくる。眠っているときには意識がないのだから、意識を目覚めさせることは意識自身には不可能である。意識は、意識のないところから発生する。揺さぶられれば眼を覚ますようにして、意識は身体によって生じてくる。

眠るときも事情はおなじである。意識は、みずからを眠らせることができない。眠りとは意識にとっては自らを失うことであるから、意識には不可能なことである。意識はいつしか朦朧としてきて、いつのまにか眠る。ただし、それでは危険だということで、ひとは安全な場所と時刻で眠ろうとする。横たわって意識がひとりでに眠りにつくのを待つ。あるいは飲酒したり、睡眠導入作用のある粒子を摂取する。しかし、意識がみずからを眠らせるわけではない。身体が、眠ろうとする意識に代わって意識を眠らせる。意識をなくさせる。

意識にとっては、眠っているか目覚めているかの差異は絶対的である。だが、そのことを判別するのは目覚めている意識である。他方、意識がみずからの朦朧とした状態を、睡眠に入れるか覚醒に入れるかは相対的である。モンテーニュが「明晰な夢もあれば夢と変わりない覚醒もある」（『エセー』）と述べているのは、いかにもその通りである。眠りかけているとき、ひとはしばしば幻影を経験する。逆に、眠っている最中に朦朧とした意識にまで覚醒したとき、直前の幻影が夢と呼ばれる。目覚めなかったなら、すべての夢は忘れられる。レム睡眠のときに起こせばそのひとは夢を見ていたといわれるが、それは推論に過ぎず、意識経験にとってはどちらでもよいことである。

ところで、眠りから覚めたとき、ひとはその覚醒した意識において、自分が眠っていたと判断する。そこでは、ひとはただちに自分がどこにいて、いまが何時頃なのかを周囲の知覚から推理しなければならないし、しばしばそれを錯覚していたことを知る。それで、「ちょっとしか寝ていない」とか、「すっかり寝坊した」などと思うのである。

もし意識が睡眠中のことを何も知らなければ、目覚めた瞬間が眠った瞬間にそのまま継続しているはずであるから、そうした錯覚はあり得ない。そうではないとすれば、眠りのあいだにも、朦朧とした意識があったりなかったりしていたに違いない。夢の大多数がただちに忘れられる理由は、意識が明晰になろうとして、眠りにつく以前の場所と時間を思い出すために、それまで知覚していた朦朧としたものを大急ぎで切り捨てるからであろう。

では、目覚めた意識が、なぜ、そこがどこで、いまがいつなのかを知ろうとするのだろうか。否、それを問うまでもない。もしそれを知らないままでいれば寝ぼけているといわれるからである。「寝ぼける」とは、ちぐはぐな言動をしてしまうことである。目覚めたそこがどこで、そのときがいつかを知ることこそ、ロックのいう自己の知覚であり、そのかぎりでそれが明晰な意識の本質なのである。

睡眠においてばかりではない。朦朧としていた意識が明晰になるときには、そこがどこで、いまがいつかを知ろうとする。明晰な意識は、朦朧とした意識のあとに、朦朧とした意識の変化として出現する。その過去は朦朧とした意識によって記憶されており、そのような意識のなかから明晰な意識が発生しつつ、この記憶を現在の知覚にしようとするのが明晰な意識なのである。

記憶は絶えずぼやけていくと思われているが、それは明晰な意識にとってであって、記憶それ自体は本性的に朦朧としている。さもなくばそれは現在の知覚なのであって、過去の記憶ではない。ヒュームはこのことを活力の差で説明していたが（『人間本性論』）、しかし相対的な差ではないであろう。混同されることがあるというだけである。

経験は、それとは切り離された新たな経験をする直後から朦朧としたものになる。記憶は、朦朧とした意識のもとにあるかぎりで記憶である。それが再び明晰な意識のもとに呼び出されれば、それは回想であり、記憶の知覚である。とはいえ、朦朧とした意識のもとにあるのだから、自在に呼び出すこともできず、逆に、プルーストの述べていたような受動的記憶、夢のようにして現在の知覚に纏（まと）わりついてくる記憶もある。記憶が明確に回想されるようにするためには、メモや画像や言葉によって思い出す手段を残したり、反復して回想して、反射のような動作を現在の意識の裡（うち）に作るほかはない。

回想するとは、記憶がレコーダーのようにして再生されることではなく、ぼんやりとした記憶のなかを探索して、そこから新たな知覚を得るということである。実のところ、過去が完全に知覚とおなじものとして保持されているということはあり得ない。そもそも「おなじ」として照合する対象がないのが記憶なのである。もし記憶が過去の同一物の完全な知覚として回想されるとしたら、明晰な意識における現在の知覚のように周辺的現実を探索できるはずだが、過去の探索とは、必然的にその断片の知覚でしかなく、出来事の周辺や文脈を推論したり想像したりすることによって、フィクションを作りだすことでしかない(拙著『差異とは何か』)。

忘却力

とすれば、記憶と忘却は対立するものではなく、裏腹なものであるということになる。

たとえば、食事のあとで「食事がまだだ」と施設のスタッフに要求する認知症の患者は、——短期記憶の病理的欠損があるわけだが——、食事がすでに出されたことを指摘すると、「だれかが盗んだ」とか「スタッフが嘘をついている」とか主張する。患者は朦朧とした意識のもとで非理性的な妄想を抱いているのか?——そうではなく、明晰な意識のもとにあって、失われた記憶を理性的な推論によって埋め合わせようとしていると解釈することもできる。患者がさらに推論を進めれば、自分の短期記憶に問題があるという結論も出せるはずなのだが、それを白状すれば行動がさらに拘束されることが推論できるからこそ、患者はそんな非理性的なことはしないであろう。

こうしたことは、認知症でなくても起こる。出かけてしばらくしてから、ガスは消したか、鍵は閉めたかと気になるひとは多い。外出の手順が習慣化していて一々意識されていないので、ぼんやりとしか思い出せず、思い出しても別の日の記憶かもしれないという疑いが残る。それでわざわざ自宅まで戻るひともいるのだが、実際に火事になったり泥棒に入られたりするのは、そのような心配すら起こらないときである。

忘れているということは、思い出せないということである。その可能性を気にすることのできるひとは、自分の記憶が欠損し得るということを認めており、その推論ができる正常なひとである。過去のすべてを記憶しておくことのできるひとはいない。明晰な意識になるために、むしろひとは主題となる対象以外の細部、もろもろの朦朧としたものを、あえて忘れるのである。そのような意味でこそ、デカルトのいうように、自我は絶えず再創造されなければならない（『省察』）。すなわち、過去と現在と未来を貫く主体としての自我は、明晰な意識が朦朧とした過去の記憶を再生産することによって、時間を貫く統一性が現在において創出されている経験のことなのである。

†過去の占拠

ここにこそ、意識の能動性の出自がある。明晰な意識が、そこがどこで、いまがいつかを知るのは、推論によって過去を占拠することによってである。意識が朦朧としていたからこそ意識は明晰になるのであるのに、そうなった現在の明晰な意識が過去を占拠する、すなわち朦朧としていたときの知覚を回想し、理性的に推論して、現在とおなじ主体によってなされた明晰な知覚とする。過去のぼんやりした記憶を、現在において推論しているにもかかわらず、あたかも明晰に知覚していたかのように捉えるのである。そして、それを意識がみずから気づいたのだと思い込む。

妄想じみた推論や強迫的な反復に過ぎない場合もあり得るのだが、それでも占拠された過去によって、意識が自ら望むものを何でも意識できるように感じられる能動性の経験が可能になる。こうした意識の本源的錯覚を何と呼ぼうか。ともあれ、ロックのいうように、過去の自分の知覚と現在の自分の知覚を、時間を超えて同等に占有するのが「自我」なのである。

意識は経験の全幅を占めているどころか、その一部でしかなく、それが生じるか消えるかも意識の自由ではない。それにもかかわらず、意識されたものは意識以前に存在すると前提されるものだから、あたかも意識するかしないかを意識が決定したかのように錯覚され、その結果、意識は意識しようとするものは何でも意識することができると錯覚してしまう。

さらにはそれによって、未来に向かっての意志、「〜しよう」といったタイプの言説も可能になる。しかしそれは、――リベットの実験が示唆していたように――、朦朧とした意識においてすでに知覚されかけていたことや決定されかけていたことが明晰に意識されるようになるという受動的な経験に過ぎない。そしてまた、それがのちに実現されるとしても、「夢中になる」といわれるように、それをする意識が受動的に朦朧としてくるかぎりにおいてである。実現したあとの明晰な意識によって、さらに言説において、そのことが「意志」と呼ばれる主体的な経験として回想され、推論され、占拠されるにしてもである。

かくして明晰な意識は、自我によって生まれ、自分が能動的であると前提するようになる。だが、述べてきたように、それはただ現在の意識が記憶を知覚して過去を占拠し、そこに連続性を見出だすということによってでしかない。能動性は、事実ではなく経験である。そうした経験をもたらすものとして過去の占拠を促進するものが別にあるが、それはあとで述べることにしよう。少なくとも、それは「決定論」、すなわち遺伝子や環境やホルモンや脳に関する自然科学的な理論が与えるようなものでは、決してない。簡単にいえば、寝ぼけたひとを嗤うひとがいて、本人がそれに恥じ入るようにしているものがあるからである。そこにはすでに、自然ではなく、倫理がある。

†思考に隠されているもの

なお、思考もまたそうした明晰な意識のもとで行われる。思考するときには常に意識があるのだから、ひとは、明晰な意識が思考を可能にする精神状態であって、自由に対象を選択して集中的に精査する能力をもっているかのように錯覚するが、それは思考が完全なときだけである。思考はみずからが完全であるかどうかをその時点では知らないのに、知っているかのように前提しつつ思考を続ける。自分がただ、たまたま感じたものから紡ぎ出されたに過ぎない言説の、その意味を介して他の言説を再生産しているだけかもしれないとは考えない。

思考が意識を全能とみなすのは、思考が完全であることを望むからであるが、多くの思考が不完全であることをふまえれば、思考に際しても意識が部分的で受動的でしかないと認識すべきであろう。思考するときには意識が明晰だという感覚をもつがゆえに、明晰であれば完全に思考できるという錯覚をするわけだが、思考の完全性は明晰さによるのではなく、論理による。ひとが誤るのは、自分が明晰だから論理的誤謬を犯すはずはないと前提して、論理的なチェックを怠るからである。論理的なチェックには明晰な意識が必要であるが、明晰な意識であれば論理的誤謬をしないというわけではない。

さらに知っておくべきことは、思考を推進しているものが思考に対しては隠されているということである。なぜある言説から次の言説へと進んで行くのか、行かなければならないのか、どのようにしてか。論理によってばかりではなく、意識されないままに推論を推進する何ものかがある。

日常の思考ではそのようなことは気にせずに、欲望されていた言説、むしろ宗教や政治や経済や法律の言説の「再」発見へと進んでいく。埋め込まれていた記憶を掘り起こしてそれを占拠し、自分が考えたと思い込む。それに対して、学問の場合には、そこに意識的に論理を介入させ、言説の進行を制御して、新たな言説を発明しようと努める。論理は把握されていても、それでもなおその前提や問いの理由が思考には隠されている。それを暴露することで思考は「発見した」、真理を見出したという経験をすることができるのである。

しかし、何が隠されていたというのか?——それは生(せい)である。眠りによって隠されているものとは生であり、朦朧とした意識によって隠されているものとは自然である。自然とは、自然科学によって見出だされる物質の世界のことではなく、ひとが身体を通じて自分以外のものと溶融してしまう善悪無差別の世界のことである。

6 思考と身体

†倫理的主体

善悪は単なる自然の反映ではない。とはいえ、進化心理学や脳科学が前提しているように、身体ないし脳の状態によって因果的に決定されるようなものではない。精神が身体とは別の次元において善悪の観念を受け取るとはいい難いにせよ、過去の朦朧としたものが現在の意識において推論されて能動性の経験が生じ、判断や行動の善し悪しが思考される。そこに意志と呼ばれる経験があり、それによって倫理的主体としての善悪の判断や行動に意味が生じるようになる。

しかし、もし意志という機能が精神に実在するとみなすなら、カントのいうように善は善を意志するだけで成立することになり、実行可能な条件がなくても善とされたり、結果に悪が生じても不問とされたり、善を意志しないだけで悪とされたりするといった不条理が生じる。

そもそも意志という経験は、意識に必ず伴うものではない。意志は明晰な意識のもとにあるのに対し、ひとは、多くの場合にぼんやりとした意識のもとにあり、起こりつつある出来事に対して、成り行き任せにしたり、一か八かにしたり、他の人々と横並びにしたりする。愚行権というが、悪が到来するのを分かっていて放置することも多い。その場合は、意識が朦朧としているわけではない。意識は明晰だと感じられてはいても、能動的になる意欲ないし気力がなく、そうしたものが身体から湧いてこない。「主体的になるべきだ」という倫理を主張するひともいるが、主体性がないときにどうやって主体的になることができるだろうか。

要するに、意識には朦朧としている以外にも能動性の伴わない経験がある。意識が明晰であるか朦朧としているかについての感覚とは別に、そのいずれでもない「ぼんやりした意識」がある。これを意識を失いかけている朦朧とした意識とは区別することにしよう。「ボーっとしていた」などとひとはいうが、意識がぼんやりしているということは、そのときの意識自身がぼんやりしているのだからぼんやりしているとは感覚されないし、だからこそぼんやりとしているわけである。そこでは、何が起こっているのであろうか。

†意識の理由

朦朧とした意識については、眠たいとき、疲れているとき、病気のとき、酔っているときのことであって、ひとは行動の障害や条件として現われてくる事物の移動や変化を錯覚したり無視したりして自分の身体を傷つけてしまいがちである。死んでしまうこともある。とはいえ、眠っていても、呼吸ができないなど、生命の危険があればおのずと目を覚まし、つまり意識が出現してきて死が回避される。意識とは、快楽苦痛と筋肉運動の間隙に生じるスパークであり、自分の身体の状態の予期であり、諸物体の運動や変化の予期であり、身体を動かして危機に対処させる活動であるといえるだろう。

その場合、意識が知覚対象に連動する自分の身体の地図を描き出し、そのどこかに自分を差し向けるなら、その地図上の区画が病的な場所であるということになる。かゆいところを掻く（かく）というより、身体の地図を対象として知覚することによってかゆいところが生じてくるような神経症的な場合もある。さらに身体に模して精神の地図を作り、神経症やうつ病など、倫理的問題に病名を与えることすらされる。医療としての効能はあるにしても、ひとが経験をすべて身体地図や精神地図で理解しようとするなら、それ自体が神経症的であるといえよう。

他方、意識に現われる感覚、すなわち何らかの対象が見えたときや、肌に触れたと感じたとき、——ベンタムが「情念的知覚」と呼んでいたように——、対象の知覚が自分の身体に快楽か苦痛を与えるという予期と切り離せないようにして生じる。もし意識が朦朧としてさえいなければ、与えられる諸感覚から対象を知覚し、対象の移動や変化を追尾して、自分の身体が自然のなかでどのように受け取られ、遂行されるかを弁えて行動することができるであろう。

そのような明晰な意識であるならば、さらに思考、すなわち理性的推論を含む熟考も可能となるであろう。意識のもとに漠然と現われていた諸現象に対して、繰り返される経験と多様な推論とによって諸対象が何らかの関係のもとで知覚されるようになる。そのような知覚をすることが知性と呼ばれてきた。

そこからホーキングは「宇宙を知るために人間の意識が生じた」と主張したりするのだが、しかし学問はいわば余剰生産物に過ぎないのではないだろうか。意識は、科学技術も含めて、朦朧としているときの事故や災害から身体を保全し、病気や飢餓を避けるために生じてくるように思われる。それればかりではなく、人々のあいだで傷つけられることなく、むしろそこから名声や金銭や権力を獲得するために生じてきたに違いない。とすれば思考する、すなわち朦朧としているあいだに起こり得る人間的出来事の諸可能性をあらかじめ推定しておくことが望ましい。倫理学の意義もそこにありそうである。

†ぼんやりとした意識

では、意識がぼんやりしているとはどのようなことで、なぜそのようなことが起こるのか。

たとえば空想に耽(ふけ)っていて信号が赤になっているのに気づかないで道を進んでいってしまうとか、ほかの対象に気を取られて持っているものを落としてしまうとかの場合のように、意識の一部が行動の妨げとなっている。意識は明晰だと感じてはいるのだが、気づくべきものに気づかず、気づく必要のないものに気をとられ、気づかないものに気づけない。当然に知覚すべきものを知覚せず、それとは異なった対象を知覚している。

とはいえ、ぼんやりしているということは、意識の明晰さが欠如しているわけではない。朦朧とした意識との中間状態にあるわけでもない。歩くという行為を例にして考察してみよう。

ひとは、両手両足をリズミカルに前方に投げかけて重心を移行していく動作をするかぎりにおいて、「歩いている」といわれる。もし地面のバナナの皮に気づかずに滑ってしまえば転んだりするが、そのときこそ「ぼんやりしていた」といわれるだろう。とはいえ、歩くひとの意識は、一般には地面の障害物を探知することにあるのではなく、目的地へと行くことにある。早く目的地に着こうという意識を持っていることで、歩くという動作においで転ぶことも起こり得る。

そこにおいては、ぼんやりしていないということは、身体が障害物に気づき易い状態にあるということである。視覚や聴覚の与えるいつもと違う刺激に気づく準備がある。視線を適宜に移動させて、歩行を妨げるような障害物に気づき、それをよけることができる体勢になっている。

一般に、行動は部分として他の諸行為を含んでいる。「目的地に行く」という行動に専念して歩いているひとに対して、そのための動作や感覚は意識されることなく、「歩く」という行為を可能にしているのは身体である。「行こう」と思うだけで、意識せずとも身体が手足を移動させ、手足と頭とのバランスを取り、転ぶことなく身体の重心を前方へと移行させる。

歩くことよりももっと複雑な動作を含む行動もある。職人や運転手やアスリートやダンサーは、意識せずに身体各部のバランスを見事に調整しながら、手順とタイミングをふまえて優れたパフォーマンスや作品を作り出す。製品を作り、運転をし、競技をし、踊る。事前の修業と熟練が必要ではあるが、そうした行動のために個々の動作を実現しているのは、やはり身体である。行動が失敗し、ぼんやりしていたとされるのは、意識の状態の問題ではなく、身体が準備している諸動作が十分に習熟されていなかったり、身体が疲労していたり、病気だったり、睡眠不足だったりして、うまく機能しなかったりする場合である。

†専念できない場合

そればかりではない。目的地へと進む行動に対して、それに属する身体的行為としての「歩く」ということを意識してしまって地面ばかりを見ていたりすると、道を間違えるなど、本来の行動に失敗してしまうことがある。行動における諸動作、その細部の動作の一つひとつを意識しようとすると、かえって時間がかかったり、失敗してしまったりするのである。そのことに対してこそ、「ぼんやりしている」といわれ、「集中せよ」とか「ひとつのことに専念せよ」といわれるであろう。

しかし、そのことは、「意識を明晰にせよ」という意味ではない。意識が明晰でないとしたら、明晰ではないのだからこそ、明晰にすることなどできない。ぼんやりした意識は、明晰な意識と対立しているのではない。行動に際して、意識は朦朧としていない必要があるが、明晰であると感じて**いる**かどうかはたいした問題ではない。むしろひとの意識が明晰であるのは、その行動に専念しているがゆえに、自分が明晰であるという意識を持っていないときかもしれない。

それにしても、「ひとつのことに専念せよ」などといわれる以上は、大多数のひとが、大抵の場合に、あてどもなく空想したりすることも含め、同時に複数の行動をしているということである。そして、その数が多ければ多いほど混乱し易い状態になっているということである。パソコンで仕事をしているときに、湯を沸かしていて沸騰しているのに気づかないというようなことはよく起こる。机の傍を通ったひとに挨拶していながら、自分でそれに気づいていないことすらある。意識が明晰であっても、ひとつの行動のさなかに、やりかけ途上の他の行動を忘れるのである。

とはいえ、複数の行動を同時進行させるときには必ず失敗するというわけではない。意識は、シングルタスクのコンピュータのように、時間をスライスして順におなじタイミングでそれぞれの行動のプロセスを追っているわけではない。マルチタスクのコンピュータのように多重人格者となって、それぞれの人格に指示してやらせているわけでもない。ある行動をしながらふと他の行動に移るという、複数の行動の同時進行を可能にしてくれるのは身体である。眠っている状態から意識が覚醒するのとまさにおなじ理由から、身体こそが「そろそろかな」とか「何か起こっていそうだ」とか意識させて、他の行動に介入するタイミングを教えてくれる。とすれば、ぼんやりしているときとは、主題となる行動のために身体が準備する諸動作がちぐはぐであったり、他の行動の必要とする諸動作と入り混じってしまったりするようなときなのである。

ぼんやりしていないひとは、身体が行動を支えるように調整されている。意識にとっては、意志のもつ念力のようなものを発揮するかのように感じられるかもしれないが、そのような問題ではない。「ひとつのことに専念する」とは、他の行動のプロセスを無視して身体がひとつの行動をのみ支えるようにすることである。そうすれば、諸動作がちぐはぐになったり、他の諸動作と入り混じったりはし難くなるであろう。たとえば調理をするような複雑な行動において、ガスや水道や食器棚や調味料に関する多数の動作を手際よく、タイミングよく、リズムに乗って処理していくためには、それらの一つひとつの動作が意識されず、他の出来事に関心を持たないようにして、ひとつの行動として意識されることが必要なのである。

†本能と学習

では、どのようにして身体はそれぞれの行動を支える諸動作を備えるようになるのか。日常会話のなかで、人々は「本能的に」とか「無意識的に」という表現を使うが、概念としては不適切であるにせよ、こうした身体の働きがあることを指しているように思われる。ただし、それは「本能」によってではない。本能は、動物が、求愛ダンスをしたり交尾をしたりする行動が親から教えられなくてもできるところから、――ゲノムのどこにそうした行動がプログラムされているかは分からないが――、遺伝的に与えられている能力であるとされる。たとえば鼠が猫から逃げるのは、嗅覚を決定する遺伝子によるという報告がある。猫から本能的に逃げることのない鼠は、すべて猫から食べられて絶滅している。

この意味で、幼児が歩き始めるまえに寝返りを打ち、ハイハイし、それから立ち上がるというプロセスを辿るのは本能的なものであるといえよう。だが、はいはいをしていた幼児がはじめて立ち上がるとき、それはいかにおぼつかないことか。ぼんやりしているひとと同様に転んでしまう。馬は産まれて直後に歩き始めるが、幼児の場合は歩き出すまでのあいだによちよち歩きをし、繰り返し転ぶ。人間にとって、歩くという行動は、学習されなければならないように思われる。

自転車に乗る練習をするときには、――それは本能ではあり得ないのだから――、その事情が一層あきらかである。ペダルを漕ぎながらバランスを取る動作の原型は歩くことに含まれるであろうが、何度も転びそうになりながら学習される。幼児も、自転車に乗るときと同様にして立ち上がり、身体のさまざまな動作や感覚を試しながらその行動を学習しているように見える。

とはいえ、そこで学習している主体は、何ものなのであろうか。人間精神ではない。実験心理学が示したように、多くの動物も、本能的行動以外のさまざまな行動の学習をする。猛獣から身を隠す行動、餌を取る行動は学習されなければならない。そして学習水準に応じて、その個体が生き延びられるかどうかが決まる。

しかも、学習は、りんごを洗って食べるサルがいるように、生存の条件に関してだけではなく、文化的行動についてもなされる。学習とは、生存という目的に必要な行動を身につけることではなく、単に同類の行動を模倣することであり、その試行錯誤をすることである。動物の身体は、本能だけでなく学習の能力をもって産まれてくる。どんなに複雑な行動、文化的な行動であろうとも、それは人間においても起こることである。

†身体の統合

動物も人間も、本能的行動とは別に、学習によってあたかも本能であるかのような自動的な行動ができるようになる。さまざまな行動が成功するのは、身体が学習によってあたかも機械のように統合されているという条件のもとにおいてである。学習によって獲得された多様な動作のうえで、人間の場合は、動物よりも極めて複雑にはなっているが、明晰な意識がみずからの主題とする行動を決定して実行するわけである。

それにしても、身体が「統合している」とはどのようなことであろうか。身体が、どんな行動であれ、意識が思いつく行動を可能にする能力をもっているという意味ではない。身体は汎用的な機械装置ではない。つまり、スイッチを入れれば起動して、目的とする行動のボタンを精神が押せばそれが成功するというようになっているわけではない。

古来、闘争や競技や試験において勝利するひとには「能力」があるとされてきた。さらには常人が持ち得ない「超能力」が動物や英雄や神に見出だされてきた。しかし、能力という概念は、結果としての勝利に対して原因が仮想されたものに過ぎない。

身体は、どんな行動をも支える魔法の装置ではない。人間行動は複雑で多様であり、ひとによってどんな行動を思いつくか予想できないほどであるから、行動一般を準備しているような機械は考えられない。身体は意識に相関してしか姿を現わさない機械である。どんな行動をしようとするかによって、身体はマッドサイエンティストがありあわせの部品で作る機械のようにして、その行動を支えようとするのである。たとえば口は、飲み、咀嚼し、飲み込み、泣き、叫び、会話し、噛みつき、呼吸をし、喀痰し、性交渉するというように多様な行動をするが、その一つひとつの行動に対して身体の他の諸器官がそれぞれに変質させせられた機能を負うかぎりで、その行動が支えられるのである。

†意識にとっての身体

身体が行動を支えるといっても、それは能力としてではなく、学習された多様な動作によってである。とすれば、産まれて以来身に着けてきた動作の種類と確実さに応じて、一人ひとりがなし得る行動が異なってくるということになるであろう。

身体は行動に際しては意識されずに動作するが、その統合がどの程度の水準なのかは、意識にとってはあきらかではない。たとえば川を流されているひとを助けようとする行動に際しては、泳ぎながらそのひとの体を誘導することができるような身体の動作が可能でなければならない。だが、実際にそのような動作が可能かどうかは、やってみるしかない。だから、泳げると思っているひとが、しばしば溺れているひとに抱きつかれて自分も溺れてしまうといった悲劇が起こる。

行動が成功するかどうかを決定するのは、個々の動作についての明晰な意識のもとにある思考の確かさによってではなく、訓練によって身に着けられた身体の技術の水準である。そうした技術がなければ、どんなに意識が明晰であっても、溺れているひとを救助することはできないだろう。行動が失敗するのは、身体の技術の水準が低いにもかかわらず精緻な作動と複雑な手順を必要とする行動を試みるときである。

したがって、溺れているひとを助けようとするとき、泳ぐという行動、ロープや浮きのようなものを投げるという行動、助けを呼ぶという行動等々のなかで、自分の身体がそれに対して統合されている条件に適うものを合理的に選択しなければならない。そのとき、根拠なく自分には能力があるという妄想を抱いたり、身体の能力や超能力、さらには運やつきがあると想定したりすれば、かえって失敗することだろう。

合理的でない行動とは、身体が十分に統合されていないのに引き受けられた行動のことである。合理的な行動とは、意識が明晰であるかどうかとは別に、当該の行動に関して自分の身体が行動のそうした条件を与えてくれるように準備されているかどうか、行動を成功させるために必要な身体の統合がどのようなもので、どの程度の水準であり、自分の身体の統合がそれに適合するかどうかということが正確に判断された行動である。ひとが理性的でなければならず、その意味で意識が明晰でなければならないのはそのためである。

†理性的な行動

しかしながら、理性的に思考することもひとつの行動である。みずからの行動について思考するということは、当該行動とは別の行動を同時に遂行しているわけである。したがって、「ひとつの行動に専念すること」は、実のところ、理性的思考という行動を除く他の行動をやめて、当該行動と理性的な思考という行動の、ふたつの行動に同時に専念していることである。

とすれば、「ぼんやりしている」ということは、――動作がちぐはぐなことであると先に述べたが――、理性的に思考している場合にも起こり得る。歩き方について思考していて道を間違えるとか、思考しているあいだにタイミングを逃して溺れているひとを放置するといったことである。常に明晰な意識をもって思考しながら行動における諸動作の全体を支配することが、必ずしも行動を成功させるわけではないのである。

むしろ、習熟していて機械のように身体が自動的に作動して成功するような行動がある。その場合には、ひとは他の行動と同時に、あるいは空想に耽りながらでも当該行動を遂行することができる。明晰な意識である場合に理性的であるとみなされるが、目指す行動に対応する身体の統合度の高いひとは、意識しなくても合理的な行動をすることができる。意識が明晰かどうかということと、合理的に行動できるかどうかということを同一視してはならないのである。

とはいえ、そのような行動は、概して身体の統合度が高くなくても成功できるような単純な行動であることが多い。プールでのんびりと泳ぐ行動は空想しながらも可能であろうが、溺れたひとを救助しようとするように難易度の高い行動の場合には、それに専念しなければ成功することは難しい。「ぼんやりしていた」といって批難されるのは、身体の統合の水準が低くて失敗しやすいのに、空想していたなど、他の行動と同時に行っているひとなのである。とはいえ、行動が失敗しさえしなければ、ぼんやりしていたなどとはいわれないであろう。

「専念すべきである」といわれるのは、身体の統合度に応じてかろうじてできる行動に対してである。しかし、専念すること自体は、それが与えられた行動の目標だけを追うようにして他に出現する多様な感覚を無視することであるならば、「ぼんやりする」ことでもあるかもしれない。

むしろ身体にとっては、意識が明晰でなくてもよい場合がある。眼のまえに到来した石に対して瞼が反射的に閉じられるように、何かを意識するまえに反応する身体がある。あえてそれを意識しようとするとその反応が乱れ、かえって行動がちぐはぐになることもある。高速道路を運転するときには、視野のすべてを探索し続けるのではなく、漠然と中心を見ている方が事故を起こしにくいといわれる。「無心になれ」ともいうが、ぼんやりしていた方が行動が失敗せず、身体が傷つかない場合も多い。多くの動物たちの意識と同様、反射的な行為を呼び起こすのに適度である「ぼんやりした意識」というものがある。

意識の明晰さのもとで言説に依拠した思考における理性に対して、自分の身体の統合度と、行動にどの程度の統合度が必要かを判断する別のタイプの理性が必要である。合理的であるためには、——パスカルのいう「繊細の精神」もそれかもしれないが——、行動の目的だけではなく、それに連関しそうな多様な対象を同時に知覚しながら、それらがそれぞれに行動の条件になるか障害になるかと絶えず判断し、身体にとってとりあえず可能なひとつの行動に関連づけて、その行動を開始させる「ぼんやりした意識」も必要なのである。

したがって、行動において重要なのは、再念することよりも「無心」になることである。意識を明晰にすることではなく、——明晰にするための行動をしても失敗することはあって——、あらかじめ身体の統合の諸水準を高めて行動の準備をしておくことであり、そのうえで意識においては無心になることである。

とすれば、そうした身体の統合は、どのようにして獲得されるのであろうか。学習と試行錯誤の反復の回数がただ多ければ多いほど、精緻で複雑な行動ができるまでに到達するのであろうか。それとも人間精神に固有の何らかの要素が媒介して、はじめて可能になるのであろうか。

7　習慣

†習慣という概念

身体の統合度の水準を高めるものとは、ただ一語で述べるならば「習慣」である。行動を成功に導く理性もまた、ヒュームが述べていたように習慣のひとつである。そして倫理がどのようなものかを理解するのに最も重要なものとは、習慣である。

習慣といえば、「毎朝歯を磨く」とか、「学んだことを復習する」とかいったことが想像されるかもしれない。それらは典型的な習慣ではあるが、ここではそれらも含め、ひとが特に意識しなくても反復して行うようになるすべての行動および動作として捉えていただきたい。

倫理的判断においては意識的な行動に注目されがちであるが、だからといって、ひとはその行動の含むすべての動作を意識的に制御しているわけではない。習慣はひとつの行動として意志されることもあるが、他の行動を構成する動作ともなる。たとえば目的地に向かう行動を「歩く」という動作が支えている。意識して行う行動も、習慣となっている自動的な諸動作によって支えられているのである。それは、行動が習慣の自動的な諸動作を複合したものであるという点においてばかりでなく、自分の行動が、身体が習慣として有する諸動作をふまえてしか想定できないという点においてである。カントが、「すべきことはできることでなければならない」と述べているわけである。

この習慣という概念は、倫理学史上において、当初は基本的な概念であった。最初の倫理学書『ニコマコス倫理学』の著者であるアリストテレスは、その本のなかで、石は何度放り上げてもみずから上方に向かうようにはならないが、人間は反復されたものに対する習慣（エトス）をもつようになると述べている。この「エトス」こそ、のちに倫理と訳されるようになる語なのである。

そこでは、習慣は「第二の自然」であるとされる。つまり自然そのものではないが、自然的諸条件と同様なものとして行動を規制するという意味である。アリストテレスは、この習慣こそがひとの性格（エートス）を形成するのであるから、善い性格として徳を持つように努めるべきだと述べるが、このようにして、習慣は倫理において不可欠な契機であるとされたのであった。

しかし、西欧近代においては、平等や人権が主題となり、徳という個々人それぞれに水準の異なる概念が重視されなくなった結果、習慣から倫理を論じようとする哲学者は少なくなった。習慣を重視した哲学者として有名なのはヒュームであるが、それも、因果性が自然において見出だされる超越的関係なのではなく、相続いて生じる現象を反復して経験した結果として生じる判断に過ぎないという、理性主義を批判する文脈においてでしかなかった（『人間本性論』）。

反復のもとで形成され、明晰な意識のもとで一々判断することなく遂行される行動としての習慣、こうした行動が人間にとってありふれたものであることを否定するひとはいないであろう。どんな行動であれ、行動が成功するためには、習慣的諸動作を備えている身体の統合が必要不可欠である。習慣とは何か、習慣抜きには倫理は論じ得ないのではないか。もう少し掘り下げて考えてみよう。

†悪い習慣

ところで、習慣は、善い習慣や悪い習慣という表現が見出だされるように、どんなものであれ、より多く持つべきだとはいえない。

善い習慣については、他人の悪口をいわないとか、健康に配慮するとか、財産を失わないとか、法律に反しないとか、すぐには怒り出さないとか、必ずしも純粋倫理的なものとはかぎらないものの、多様なものが推奨されている。とはいえ潔癖感や完璧主義など、善いとされるものが極端になった場合には悪いとされることもある。

悪い習慣については、過食や借金やギャンブルや覚せい剤使用といったものがあって、反復することによってひとを病気や貧困などの窮地に陥れるものがある。善い習慣と似たような行動でありながら、「中毒」や「依存症」という名で呼び換えられるのは、それが倫理的文脈のもとで語られるからである。だが、いずれにせよ、これらの反復された行動が、あたかも本能であるかのように反復しないではいられない傾向を身体に形成してしまったものを習慣と呼ぶのである。

依存症という呼び方もできる以上、身体には、意志を必要とせずに、反復する行動が定着してしまう性質があることが分かる。身体に明確な症状が現れる「身体的依存症」も含め、習慣には、それをしないでいると苛々したり、わなわなしたり、いてもたってもいられなくなったりするという経験が伴う。そうした経験を生み出すのは、精神ではなく身体である。ドーパミンなど、脳内物質による因果作用が精神に働くといいたいわけではない。その物質は依存症的習慣をやめさせないという効果があるかもしれないが、それ自体が習慣を形成するわけではないからである。

依存症から脱却するためには、禁断症状のあるものであれないものであれ、いずれもその反復を断つほかはないが、そこで必要なのは精神の機能とされる「意志の強さ」のようなものではない。アリストテレスのいう「アクラシア（無抑制）」を克服する知性のようなものでもない。それは、そのひとの未来や人間関係である。このままではよくないと考える根拠となるものである。

とはいえ、依存症から脱却するためには、他人による制止を求めたり、依存対象が感じられるときに他の対象を想起したり、他の行動をとったりして気を紛らわせることくらいしかない。そちらへの新たな反復が当初の依存を妨げる他の依存を作り出すわけだが、それが悪くない習慣であればよいのである。それによって依存症的習慣が解体されさえすれば、その行動をやめることができるであろう。

他方、善い習慣とされるものは、概してさしあたっての快楽に乏しい分、面倒だと感じられることが多い。それでも、あえて反復することによって、それを続けていることを誇りにする自己愛や、――「強迫的反復」ともいえるが――、それをしないことが気持が悪くなるなどの不安を呼び起こすようになることで定着させることができる。善い習慣であれ悪い習慣であれ、習慣は善悪に関係なく、快楽や苦痛と伴に、身体の諸動作には反復するという傾向性が生じるという本性があるからこそ形成される。

身体のそうした本性を利用して、おとなは子どもに、たとえば歯磨きといった善い習慣を身につけさせようとするが、これが「躾（しつけ）」と呼ばれる。さらに、おとなに対してであれ、複雑で高度な行動についてでは「訓練」がなされ、知を含む行動については「教育」がなされる。なお、自分で自分自身に善い習慣を作ろうとすることは世俗的には「修業」、宗教的には「修行」と呼ばれる。

これら躾や訓練や教育や修業や修行は、みな習慣の形成を促進する働きかけを指している。具体的には、儀式や暴力や金銭や罰則など、何らかの強制作用を使って同一行動を反復させ、相手がそれを指示なしでもできるようにする。それをする根拠としての「善さ」の認知を与えるためには、相手には理性が必要である。理性的判断の仕方、計算や論理的チェックも子どもにはもとよりできないことであるから、その教育も必要である。

では、こうした習慣の形成が動物と人間を分けるかというと、それほどのことでもないように思われる。なるほど、獣が狩りの上達のために仮想の目標を設定してダッシュしている姿は想像し難いが、子どもどうしで嚙みあったり追いかけあったり、親にじゃれついたりするシーンはある。危険なことをすれば、親が唸ったり嚙みついたりもする。それは

「遊び」と呼ばれるが、ホイジンガが『ホモ・ルーデンス』において述べた「自由で仮構の行動」なのではなく、一種の訓練や躾であるとはいえないか。

人間の遊びも、その意味で社会生活の訓練であろうし、おとながするゲームやスポーツも、社会生活の断面を取り出したシミュレーションとして、訓練が自己目的化したものといえるかもしれない。人々がそれらを楽しみ、観て面白いと感じるのは、それらが身体の本性に含まれる依存症と同様の反復であるからに違いない。

†動物と人間

では、何が動物と人間を分けるのか。

それは、修業であろう。そこでは要求されたとおりの行動をただ反復するのではなく、その目的を自覚してみずからそれを達成するように工夫しながら訓練を受ける、というよりは、みずからがみずからの訓練を行う。それは反復の反復である。身体に傾向性としてある反復の過去を占拠することで、みずからを能動的なものと意識しつつ反復に繰り返したち返る。

そこでは、細部にこだわって徒（いたずら）に時間ばかりかかったり、甘く見て細部を省略して失敗したりしながらも、動作を増やしたり無駄な動きを廃したりしつつ、効率よく最大の効果が生じるような行動を身につけようとする。この点では、遊びをする動物はいても、修業をする動物はいそうにない。それはどこから来るのか。

たとえば歯磨きは虫歯の予防が理由であろうが、それだけが虫歯にならない条件ではない。あまり歯磨きをしなくても虫歯にならないひともいる。しかし、一旦虫歯になって痛い思いをすると、虫歯にならないために磨き方を丁寧にしようとする子も出てくる。あるいは歯の白さを誉められて熱心に磨くようになる子も出てくる。歯磨きはそのとき、単なる躾ではなく修業のようなものとなるであろう。

とすれば、修業を生みだすのは、まずは苦痛や快楽であり、苦痛を避け快楽を得ようとして、ひとは習慣をみずからに作りだすといえる。多くの感覚は差異の快苦であり、一定に留まることなく、快楽は慣れてまもなく感じられなくなったりするし、苦痛は気にすればするほど増大したりする。行動によっては、その逆もある。そうした経験のなかで、過去を振り返り、あるいは周囲の人々から自分の過去を振り当てられ、それを自分のものとしつつ新たな試行をする。ひとはみな自分なりにそれに対処し、あるいは他人の行動を模倣し、そうした試行を反復して、やがて最も容易に期待通りの結果、自分の期待でもあれば周囲の人々の期待でもあるような習慣が生まれる。それが人間に固有なところであるように思われる。

　こうして、修業を通じて本来の目的を逸脱した行動が、文化として出現する。たとえば歩く行動はどの文化にも見られるが、その善さは、ナンバ歩きや軍隊の行進のように多様である。なかには競歩のように、片足が地面から離れてはならない、走るよりも早く歩く独特の歩き方も発明されることになる。単に疲れずに早く進むという目的のためだけではない、たいした理由のない諸動作が要求される行動へと生成するのである。

　文化は、従来は身体から独立した精神が思考によって創出したものと理解されてきた。それを批判した一八世紀なかばのコンディヤックも、せいぜい言語の獲得を媒介して生まれた精神がそれを生み出すと主張するにとどまっていた（『人間認識起源論』）。

　しかし、そうではなくて、習慣の形成において、それに決定的な合理性がないがゆえに多様化し、その結果として生成してきたものなのではないか。とりわけ、動物とは異なって修業、すなわち意識の能動性の経験のなかで、自分が自分に施す反復強制の結果としての習慣がある。言語はなるほど精神の働きを高度にしたが、言語それ自身の起源はどこにあるのか。それもまた習慣なのではないか。

　こうした指摘をした先駆者として、一九世紀なかばのラヴェッソンがいる。かれは『習慣論』において、自然にある自発性（自然発生性）が習慣において自発性（主体性）に転化していくと論じている。自然における生命現象は、物体の変化とは異なって、物体の変化を受け取るにつれそれを内的に統一するようなものを形成するが、それが人間にとっての習慣なのである。習慣は、外的変化への対応ばかりでなく、内的自発性によってみずから変化していく場となり、それが精神であるという。

かれは、人間精神を植物や動物と連続的に議論しながら、知性や意志を人間固有のものとしているが、しかしそれでもなお、精神は自然から完全に切り離されてしまうことなく、習慣のなかで自然に還帰するということを付け加える。つまり、どんな知性的行動、意志的行動であろうと、習慣になると意識されなくなっていく。習慣とは、獲得されるときにはは新たな生活を可能にする自発的な行動でありながら、反復されることによって意識されなくなり、自動的なものになるといった行動である。そこで起こっていることは退行なのではなく、人間精神を可能にした自然の自発性に人間が付け加わることだというのである。

このことは、その後に現われた進化論に参照するならば、次のような意味になると思われる。

進化論は、子孫が多く生き延びることを通じて種が分化していくという理論であるが、種については身体の形態ばかりに注目されてきた。しかし、形態は人間が対象として知覚したものに過ぎない。生物にとって、身体は見られる対象ではなく、行動の可能性である。進化のきっかけが地域的隔離や性淘汰、さらには突然変異などに見出だされてきたが、子孫の生存可能性は、その種の諸個体がどのような習慣をもつかによって変わるはずである。獲得形質は遺伝しないとはいえ、――収斂進化というが――、ある種のヤドカリがカニのような行動をすることでタラバガニとなったように、新たな習慣を形成する個体が生まれ、生き残るのに有利な習慣とそれに都合のよい形態を共有した個体群こそが、同類の個体群から別れて新たな種へと進化していったのではないか。遺伝子が変わったから進化したのではなく、――ドーキンスの「ミーム」などという文化的遺伝子を仮想するまでもなく（『利己的な遺伝子』）――、そうした習慣を持つのに都合よい形態を規定する遺伝子が結果として残っていったのではないだろうか。

†慣習とマナー

習慣は模倣にはじまり、躾けられ、訓練され、教育されるがゆえに、集団において共通したものとして「慣習」と呼ばれるものとなる。修業においては、個人ごとに獲得されてそれぞれに独特な行動を生むとはいえ、それが善いものと意識されれば、――互いに「善い」といい合いながら――、やはり模倣される。アリストテレスが前提していたのとは異なって、習慣の善し悪しを決めるのは集団であり、さらには社会である。

　そればかりではない。習慣は、人間がともに暮らしていくなかで、善い習慣は他人も獲得するように、悪い習慣は他人もやめるようにと、相互に牽制しあう「マナー」となる。歯磨きも、虫歯予防のためだけでなく、歯が汚いことが他人から疎まれるから推奨される。歯磨きをしないひとであるというだけで嫌われる。つまり、歯磨きの習慣は、一見すると個人の健康の問題のようであるが、虫歯予防という合理的な目的以外に、他人とおなじようにするという圧力のもとで獲得され、維持される。善い習慣、悪い習慣というが、その善悪は、マナーによって規定されるのである。

　マナーには「振舞」という意味もあるが、それは人前（ひとまえ）へとふるまわれる（贈る）動作である。マナーが単なる習慣と異なるのは、相互に行動が見られることで、マナーが守られるのを見る快楽、マナーに反するものを見る苦痛が伴う点にある。躾はまさにその第一歩であり、社会的に培（つちか）われたマナーを子どもに教え込むことでしかない。歯磨きほどには、理由のはっきりしない習慣は多い。追究していくと不合理なマナー、マナーだからというだけで守られなければならないマナーが多くある。それらが時代や文化によって異なっており、しばしば対立するところからも一層、マナーにはたいした理由がないことが窺（うかが）い知れる。

法律の基に習慣を見たパスカルは、「河ひとつ越えるだけで善と悪は逆転する」と述べている。マナーは集団ごとに異なっており、それがまた集団を区別する標識にもなる。その集団が大規模になると、いよいよ理由のない慣習として儀式となり、社会全体ともなるとタブーといわれるものとなる。そこでは、むしろ理由がないことが重要になる。理由があれば、それに該当するひとだけが行えばいいということになってしまうからである。理由のはっきりしない、むしろ理由がない行動を強制しあうこと、みずからに課すること、そこにこそ人間精神と呼ばれるものが見出だされる。

それゆえに、こういおう。**マナーこそが倫理**である。その集団における善であり、悪とはマナーに反するもろもろである。ルールないし法律とは、この悪を矯正するために言語を使用して精神がたてた正義である。マナーは文化と時代によって異なるのだから自然に由来するとはいえないが、精神が構築したわけでもない。精神を構築するものなのである。

マナーとは、文化の一部というよりも、文化を創り、文化を枠づけるものである。マナーは、自然において人類が群れをなし、定住して密集し、そこに生じた諸集団の重なりあいにおいて生きることから形成されてきた行動のサンクションである。「サンクション」とは、――その概念を発明したベンタムの定義によると――、行動の源泉であり、枠組であり、その枠からはみだす場合に制裁と呼ばれるもののことである（拙著『ランド・オブ・

フィクション』)。

†精神と生

では、精神は自然のなかからどのようにして生じてくるのか。それは、身体の数多性によってである。先に進化論が形態ばかりを見て行動を見ないと述べたが、同様にして、進化論は個体ばかりを見て群れを見ないと述べなければならない。個体の個々の子孫が生き残るから進化するのではなく、個体は群れなしでは生きていくことはできず、諸個体の身体の生死を貫いて群れ、すなわち「数多の身体」が存続するから進化するのである。

数多の身体とは、個々の身体が意識されるのが他の諸身体のあいだにおいてでしかないという意味である。風景のなかには、物体や他の生物ばかりではなく、同類としての人間身体が見出だされる。ひとは他の人間の諸身体とみずからの身体が同一であるとみなし、みずからをおなじ人間のひとりとして生きる(拙著『〈見ること〉の哲学』)。

その結果として、ひとはみずからの身体を配慮しつつ生きる。すなわち、どんな振舞も他人からどう受け取られるか、他人と比較して善いか悪いかと意識して、それでひとは表情や仕草や言葉、容姿や体型やマナーを気にするのである。それらに反するものに対して人々は荒ぶる声や動作をもって反応するが、そこに、言葉以前の思考が発生する(拙著

『いかにして思考するべきか？』）。

とはいえ、それぞれのひとの身体は、イソップ物語の動物たちよりもはるかに多様である。男性か女性か、年寄りか若者か、健康か病気か……、それすらも一般的過ぎるのであって、それぞれの数多のミクロコスモスが、それぞれの経てきた別の時間において、生の、朝露に濡れた夜明けや、けだるい昼下がりや、途方に暮れるたそがれ時において、マクロコスモスとされる眼のまえの風景のなかに、星座のようにして出入りする。

それでもなお、ひとは人々とおなじ風景を知覚し、おなじ状況を理解し、おなじ食物を味わおうとする。個々の網膜像をもって同一の光景の知覚としながら、個々の味覚と嗅覚をもっておなじ食物を口に入れる。それればかりではなく、行動において、協力したり競合したりもする。

生物が群れをなし、棲み分けたりするのは、必ずしも視覚によってではない。人間と類人猿と頭足類だけが鏡を見て自分の姿であることを認知することができるのだが、それは自分の身体と同種の生物の身体を視覚によって知覚できるということ、かつ自己（自分）と他者（他人）を区別できるということを示している。ミラーニューロンなるものがあるとしても、それはそうした行動の結果であって原因ではない。自他の区別が生存に重要だからまずミラーニューロンが形成されるなどという目的論的な進化などあり得ない。

視覚的な身体の認知は、進化の帰結であるには違いないが、進化に目的がない以上は、そうしてたまたま獲得した身体の機能をどのように使用し、その行動によってどんな慣習を構築するかは、それらの生物種の行動の歴史にかかっている。こうした人類の歴史の先史時代、精神以前の精神、発生期の精神、言語や数を認識の道具とする以前の精神が、臨床的身体、すなわち対象として認識される以前の身体にあって、われわれはそれを生と呼んでいるのである。

倫理に先立つものは生である。死もまた生の一部である。善とは生きることであり、悪とはそれを妨げるものである。「それは善い」ということは、それで生きられるということであり、「それは悪い」ということは、それでは生きにくいということである。「倫理」――すべてがそのうえで起こる。

8 倫理的思考

†集団と倫理

倫理とは人生の意味であり、それは思考の地平線である。人生(人の生)は、誕生から死までの時間のことではない。それは意味の湧出する源泉である。そこにおいて、善と悪とを生成するロゴス、群れ集団と個の意識のダイナミクスが倫理である。倫理のもとでしかひとは人生を思考することはできないし、人生は倫理を探究する旅のようなものである。「なぜこのようであって別のようではないのか？」——ぼんやりとした意識にも、直感しただけの善悪にも、目的なく過ごす人生にも意義がある。

自分自身を振り返ってみよう。どんなひとにも、ちょっとした誇りと後悔、賛美するものと嫉妬するもの、おおらかな心とけちくさい情、懐かしい風景と忘れてしまいたい過去がある。だれかにひどい言動をしてしまった過去や、恨まないではいられない仕打ちを受けた過去。善か悪かという言説の以前に、みずからが生きることの肯定と否定が交錯する。こうしたそれぞれのひとの生の紆余曲折を丸ごとにこそ観るべきである。何がそうした切実さの劇場を作るのかと問われるならば、それが「倫理」なのである。

修業ないし修行といわれるものが、そうした人生のなかにある。この、個々人における習慣の自己形成は、内部に対しては集団への反発、外部に対しては集団の同朋性の形成といった動力学のもとにある。自分の過去を占拠し、自分のものとして引き受けなおし、自分を改善していこうとして形成される習慣は、善いひとの模倣であったり、善いひとに認められたい希望であったりというように、——場合によっては注目されるために悪い習慣が目指されたりもするが——、そのひとが属する集団と無関係ではない。その集団によってこそ、いまの自分がどのように見えているか、昨日までの自分がどのようなものであったかが与えられるのだからである。

それゆえ、能動性の経験は、自分の内側からではなく、集団から見られる自分という一個の身体についての意識において、集団の側から到来するというべきである。自分の身体が自分の属する集団とおなじか違うかという倫理的圧力によって生じるのだからである。意識はそれが生じるたびに、大急ぎで自分の過去の判断や行動の記憶を知覚しなおして、それを占拠して自我となすことによってそれに対処しようとする。それをし損なうならば、「動物的なひと」、「怠惰なひと」、「下劣なひと」として集団から排除されることになるであろう。

集団の内部と外部の関係に応じて、ひとの行動が強制されたり排除されたりする過程でマナーが確立される。動物集団（群れ）におけるマナーが空間的地理的なものでしかないのに対し、密集した複数の集団が関わりあう社会を形成するかぎりで、人間界独特のマナーが生じる。集団は、家族や友人などの最も身近な少人数の集団から、地縁、組織、雑踏、社会、国家まで多層化する。ひとはそのいくつもの層でマナーを切り替えながら生きる。

そこでは倫理は間集団的、間世代的に「善いは悪い、悪いは善い」と変転するが、ひとがそのことに戸惑うとすれば、それは普遍的な善悪が存在しないことについてではない。動物としての生における善悪、「生きることと生きるのを妨げるもの」から出発して、類としての人間社会の生活において、さまざまな新たな行動が形成されるたびに集団内部の諸制度と集団相互の関係が再編成されざるを得ないことについてなのである。

†寂しさ

なるほど、集団の危機に際しては、旧来のマナーや慣習が変更されなければならないだろう。それにしても、なぜ特定のひとが、集団のなかで支えられる生活は安泰で気楽であると思われるのに、新たな習慣を創って、善悪の価値を転倒させようなどと思いつくのか。

社会を変えるべき「理想」のためだろうか、それとも自分の心を変えるべき「平安」のためだろうか。否、それは、寂しさからではあるまいか。「寂しさ」とは、心理状態を意味する語ではない。単なる孤独や孤立ではない。その語に表現されて意識される以前に、だれかに依拠したい、集団に帰属したいと促されるような数多の身体の風景のことである。写生したり歌に詠んだりする意味での風景のことである。そこに寂しさが現前するのは、――「愛」という個人的能動的な心理状態の欠如によってではなく――、そのひとが事実としてだれからも支えてもらえず、集団から排除されようとしているからである。

それに対しては、宗教が、だれでもそれに帰属できる代償として不条理な儀式を押しつけてくることだろう。政治としては、ひとはどんな手段であれ支配可能な人物を探すだろう。経済としては、人間関係をお金で買おうとするだろう。法律については、ひとを一定の基準で裁き、罵倒したり軽蔑したりするモデルとすることだろう。

ひとは金持ちになってファンタジーを作ろうとし、裁判官のような立場になって正義を作ろうとする。あるいは英雄になって歴史を作ろうとし、聖人になってドグマを作ろうとし、賢者になってイデオロギーを作ろうとする。事実そうなったひとを、人々は成功者と呼ぶだろうが、その動機はもとより寂しさを紛らわすためでしかないに違いない。どれだけ名声を得ようと、寂しさは余計に募る。

そのことは、無名のままの無数の人々のあいだではなおさらである。係わりは、どんな係わりでも係わりである。互いを支えあう覚悟を決めたひとがひとりでも傍にいればいいのだが、だれかれとも係わりをもとうとして、少しの知り合いでも徒らなことを仕掛けてくる。悪を生み出すのも倫理である。倫理は合理性によっては理解できない。セックスや麻薬や喧嘩や犯罪など、成り行き任せの瞬間的な人間関係にまで、ひとは手を出す。ヘイトスピーチであれハラスメントであれ、寂しさの代償となる人物や集団を見つけることは、それによって主体であることの苦しさを紛らわすことでもある。そこにこそ純粋倫理的問題が姿を現わすのである。

倫理的問題は、意識が最初から集団に発しているからこそ発生する。そこでは集団の保存のために何らかの解決がはかられるが、解決は常に残酷である（酷が残る）。生の情動は押し殺され、一人ひとりは心に闇を抱え込む――それを「内面」と勘違いする。自分の身体の快楽と苦痛が、他人の自分に対する感情、自分の他人に対する感情について生じる。軽蔑、好意、嫉妬、怒り……、それらが相手に起こるにせよ、自分に起こるにせよ、自分の身体と他人たちの諸身体のあいだの幸福な調和のないときに、倫理的問題が発生するのである。そして、それに対処しようとする「倫理的主体」が出現する。

†倫理的生

西欧近代の倫理思想は、理性的な倫理的主体となることで、宗教、政治、経済、法律という言説の領域での問題解決をはかってきた。それらの言説における主体性＝主語としての「わたし」とは、たとえ孤立していようとも良心＝内なる神の声と対話しながら、そのそれぞれの領域での自己の持分と境界を明確にしようとするものであった。それに対し、仏教においては「諸法無我」とあり、道元は「自己をならふといふは自己を忘るるなり」と述べている（『正法眼蔵』）。倫理は、それぞれのひとの生への執着のもとにあると考えられたからである。

倫理とは、さしあたっては、他の生物たちと同様に、「生きることは善く、それを妨げるものは悪い」である。だが、人間身体を構成するのは、自然ばかりでなく諸身体の集団であり、個々の身体の状態は集団の状態を反映する。それゆえ、「マナーは善い、それに反するのは悪い」となって、個体の生と対立して現われる。しかしまた、そこからはずれる個体、とりわけ若い世代や別の集団から来た異邦人たちは、集団の慣習に対抗して新たな習慣を求める。それはまずは悪いとされるが、その集団の慣習に溶け込んでいくとすれば、「それは善い」となる。それらすべてを含めて倫理なのである。

倫理とは、——それに「理」がついている理由であるが——、マナーに従うだけではなく、マナーについて思考することである。「思考こそモラルの原理」とパスカルがいうわけである。「善いか悪いか」——時間とともに、集団の秩序の変化とともに、それを巡ってひとの判断と行動の評価はめまぐるしく変転していく。

錯覚してはならないが、善悪が変転することは悪いことではない。永遠を必要とする真偽とはそこが異なっている。むしろ善悪の変わり目こそが美しい。一九四五年のある日のように、昨日までの善が今日は悪となり、昨日までの悪が今日は善となる。あるいは、だれかをパートナーを選んだ日から、日々善悪を少しずつ入れ替えながら、ともに生きていく。善を貫くひとよりも、さっきまで善だと感じていたものを悪かもしれないと肚（はら）の底から捉えなおすことのできるひとこそ望ましい。この、特異点を通過するということが、社会全体に波のように拡がっていくのは善いことである。

こうした善悪の価値の変転を通じて、人間の集団はいよいよ生物たちの自然の群れからはずれ、新たな諸行動がマナーや制度となって蓄積され、それぞれの集団に固有のものとなっていく。それが「文化」である。

ここにあるのは、ライプニッツのいう予定調和でもないし、ヘーゲルのいう弁証法でもない。コンディヤックのいう差異化でもないし、スペンサーのいう分化ですらない。ただ公理系のように、新たな要素が他の要素との類似したり対立したりする関係に入って別の新たな要素を生み、それらが複合しながら多様に展開したり退縮したりしていくだけである。最後に絶対的なもの、普遍的なものへと到達するようなものではない。「文明進歩」のためにではなく、善を貫こうとする集団の狂気は恐ろしいが、宗教や政治によるそんな結晶化に抵抗するものとして、諸文化の新たな分枝を呼び起こすものとしてある。

だからこそ、ソクラテスにいいたい。「善く生きよ」という以前に、善と悪とは無常、ただ交替していくばかりなのではないか。生きるとは、そうしたことではないのか。千億の悪に千億の善——ひとは常に新たな善を、星の数ほどに求めて彷徨（さまよ）うことが宿命づけられているのではないだろうか。

倫理学の真の主題は、どのタイプの言説を通じて倫理的解決へ向かうべきかというところにあるのではない。理性という習慣を活用して、時間把持を永遠性に措く仮定のもとで問題を解消してみせることではない。倫理学の真の主題は、言説以前の倫理的問題をあきらかにしつつ、言説による解決において起こっている事態を解明するところにあるのであって、それを宗教や政治や経済や法律から切り離して、言語表現へともたらすところにあるのではないかと思う。

あとがき

本書執筆のいきさつは、『月報司法書士』(No.590 令和三年4月号)に「倫理とは何か」というテーマで論文を寄稿したことがきっかけです(この論文は中国でも翻訳が出される予定です)。

司法書士向けに実務的情報を提供する雑誌なのですが、関連する他分野の基本概念について、専門研究者による解説を掲載するという見識ある編集がなされており、それで縁あって編集委員の松尾健史氏からわたしのところに原稿依頼が寄せられた次第でした。

当初は古今東西の倫理思想を一瞥すればよいだろうと考え、お手のものと軽く引き受けたのでしたが、書き始めて、これは容易ではないなと感じました。というのも、従来わたしが想定してきた読者は、哲学倫理学の研究者、学生や大学院生、および哲学の素養のある一般の人々でしたが、この雑誌の読者はほとんどその範疇に入らないということに思い至ったからです。

この雑誌の読者は、実践の現場で日々倫理的諸問題に遭遇している人々です。その諸問題を学問的に吟味している暇があるはずがないし、他方、わたしはその諸問題、たとえば認知症の老人の後見における意思決定支援をどうしたらよいかなどの問題については、せいぜい耳学問程度のことしか知りません。

そうした人々が読者であるということで、単なる倫理思想の紹介で済ますのはやめて、タイトル通り「倫理とは何か」について書くことにしました。これまで人々が生きてきた倫理と、倫理学が対象にしてきた倫理には重ならないところがあります。その前者について解説するなかで、倫理学という思考の伝統がどのようにして形成されてきたかを述べることにしました。

取りあえずその方針で執筆したのでしたが、それが完成したあとになって、わたしのなかには次第に大きくなってゆく疑念が生まれました。それは、「倫理学は倫理に対して何をしているのか」という疑念でした。倫理学に特権はありません。倫理学という思考も、倫理のなかの実践の一要素に過ぎません。倫理を客観的に対象化し、理性的に思考して、普遍的に正しいものにするといった倫理学は不可能なのではないか……、「倫理とは何か」という問題の先に、「倫理学とは何か」という、わたしにとってもっと根源的な問題が拡がっていったのでした。

そうした問題意識のもとで、今回その論文を加筆訂正しながら、その続きを書き進めてきたわけですが、いまようやくそれを書き終えて、少なくともわたしにとって倫理学とは何をすることなのかがはっきりしてきたように思います。それは危うく「反倫理学」になりそうなものでもありましたが、幸いなことに、もう少し生産的なものでもありました。

すなわち、本書で見出だされた「純粋倫理」とは、宗教、政治、経済、法律が混ざっていないという意味で純粋な倫理のことです。それはまた言語以前の倫理でもあります。それは習慣やマナーというありふれた経験のことでもありますが、そこには、得体の知れないままに倫理的な判断や行動が決定させられていってしまう不気味さ、不合理さがあります。それを解決しようとして、すべての言説は、しかし純粋倫理を変形して、庶民には手の届き難いものにしてしまってきたのです。倫理学もそれ自身が言説であってその例に洩れず、さらに韜晦な言説の倫理と学問の倫理のもとにあって、およそ庶民には縁遠いものとなってしまいました。

そのようなわけですから、みずからも倫理のもとにある倫理学には、その倫理の狭間を縫って純粋倫理に到達する思考の特殊な技巧が必要にならざるを得ません。たまたま思いついた主題を関心の赴くままにただ追いかけ、それを展開することをもって思考と呼ぶなら、その主題のよってきたる根拠を探し、それを展開したい欲望に逆らってその根拠を見出だそうとする特別な思考の技巧です。それを「哲学」と呼ぶのですが、そうした技巧によってこそ、善と悪とが無差別な生の底まで降り下り、純粋倫理と宗教、政治、経済、法律の言説がごった煮のようになって迷走している思考の縺れを解きほぐすことができるのではないでしょうか。

近代的専門人の知のピラミッドが崩壊し、広範な大衆化とＡＩ技術の普及によって恐るべき変貌を遂げつつある現代社会において、本書が「ひとの生きる指針」を見つける一助となることを祈りつつ筆を置くことにします。末筆ながら、大変お世話になった編集の松田健氏に謝意を表します。

二〇二三年八月

ちくま新書
1780

倫理学原論
――直感的善悪と学問の憂鬱なすれちがい

二〇二四年三月一〇日 第一刷発行

著者 船木亨（ふなき・とおる）

発行者 喜入冬子

発行所 株式会社 筑摩書房
東京都台東区蔵前二-五-三 郵便番号一一一-八七五五
電話番号〇三-五六八七-二六〇一（代表）

装幀者 間村俊一

印刷・製本 三松堂印刷 株式会社

ISBN978-4-480-07609-0 C0212

ちくま新書

1460
世界哲学史1
——古代Ⅰ　知恵から愛知へ
［責任編集］伊藤邦武／山内志朗
中島隆博／納富信留
人類は文明の始まりに世界と魂をどう考えたのか。古代オリエント、旧約聖書世界、ギリシアから、中国、インドまで、世界哲学が立ち現れた場に多角的に迫る。

1461
世界哲学史2
——古代Ⅱ　世界哲学の成立と展開
［責任編集］伊藤邦武／山内志朗
中島隆博／納富信留
キリスト教、仏教、儒教、ゾロアスター教、マニ教などの宗教的思考について哲学史の観点から領域横断的に検討。「善悪と超越」をテーマに、宗教的思索の起源に迫る。

1462
世界哲学史3
——中世Ⅰ　超越と普遍に向けて
［責任編集］伊藤邦武／山内志朗
中島隆博／納富信留
七世紀から一二世紀まで、ヨーロッパ、ビザンツ、イスラーム世界、中国やインド、そして日本の多様な形而上学の発展を、相互の豊かな関わりのなかで論じていく。

1463
世界哲学史4
——中世Ⅱ　個人の覚醒
［責任編集］伊藤邦武／山内志朗
中島隆博／納富信留
モンゴル帝国がユーラシアを征服し世界が一体化へと向かう中、世界哲学はいかに展開したか。天や神など超越者に還元されない「個人の覚醒」に注目し考察する。

1464
世界哲学史5
——中世Ⅲ　バロックの哲学
［責任編集］伊藤邦武／山内志朗
中島隆博／納富信留
近代西洋思想は、いかにイスラームの影響を受けたスコラ哲学によって準備され、世界へと伝播したか。中国・朝鮮・日本までを視野に入れて多面的に論じていく。

1465
世界哲学史6
——近代Ⅰ　啓蒙と人間感情論
［責任編集］伊藤邦武／山内志朗
中島隆博／納富信留
啓蒙運動が人間性の復活という目標をもっていたことを、東西の思想の具体例とその交流の歴史から浮き彫りにしつつ、一八世紀の東西の感情論へのまなざしを探る。

1466
世界哲学史7
——近代Ⅱ　自由と歴史的発展
［責任編集］伊藤邦武／山内志朗
中島隆博／納富信留
旧制度からの解放を求めた一九世紀の「自由の哲学」とは何か。欧米やインド、日本などでの知的営為を俯瞰し、自由の意味についての哲学的探究を広く渉猟する。

ちくま新書

301 アリストテレス入門　山口義久

論理学の基礎を築き、総合的知の枠組をつくりあげた古代ギリシア哲学の巨人。その思考の方法と核心に迫り、知の探究の軌跡をたどるアリストテレス再発見！

589 デカルト入門　小林道夫

デカルトはなぜ近代哲学の父と呼ばれるのか？　行動人としての生涯と認識論・形而上学から自然学・宇宙論におよぶ壮大な知の体系を、現代の視座から解き明かす。

029 カント入門　石川文康

哲学史上不朽の遺産『純粋理性批判』を中心に、その哲学の核心を平明に読み解くとともに、哲学者の内面のドラマに迫り、現代に甦る生き生きとしたカント像を描く。

533 マルクス入門　今村仁司

社会主義国家が崩壊し、マルクス主義が後退した今、マルクスを読みなおす意義は何か？　既存のマルクス像からはじめて自由になり、新しい可能性を見出す入門書。

008 ニーチェ入門　竹田青嗣

新たな価値をつかみなおすために、今こそ読まれるべき思想家ニーチェ。現代の我々をも震撼させる哲人の核心に大胆果敢に迫り、明快に説く刺激的な入門書。

020 ウィトゲンシュタイン入門　永井均

天才哲学者が生涯を賭けて問いつづけた「語りえないもの」とは何か。写像・文法・言語ゲームと展開する特異な思想に迫り、哲学することの妙技と魅力を伝える。

277 ハイデガー入門　細川亮一

二〇世紀最大の哲学書『存在と時間』の成立をめぐる謎とは？　難解といわれるハイデガーの思考の核心を読み解き、西洋哲学が問いつづけた「存在への問い」に迫る。

081
バタイユ入門
酒井健
西欧近代への徹底した批判者でありつづけた「死とエロチシズム」の思想家バタイユ。その豊かな情念に貫かれた思想を明快に解き明かす、若い読者のための入門書。

071
フーコー入門
中山元
絶対的な〈真理〉という〈権力〉の鎖を解きはなち、〈別の仕方〉で考えることの可能性を提起した哲学者、フーコー。一貫した思考の歩みを明快に描きだす新鮮な入門書。

922
ミシェル・フーコー
——近代を裏から読む
重田園江
社会の隅々にまで浸透した「権力」の成り立ちを問い、常識的なものの見方に根底から揺さぶりをかけるフーコー。その思想の魅力と強靭さをとらえる革命的入門書！

265
レヴィ＝ストロース入門
小田亮（まこと）
若きレヴィ＝ストロースに哲学の道を放棄させ、ブラジル奥地へと駆り立てたものは何か。現代思想に影響を与えた豊かな思考の核心を読み解く構造人類学の冒険。

200
レヴィナス入門
熊野純彦
フッサールとハイデガーに学びながらも、ユダヤの伝統を継承し独自の哲学を展開したレヴィナス。収容所体験から紡ぎだされた強靭で繊細な思考をたどる初の入門書。

776
ドゥルーズ入門
檜垣立哉
没後十年以上を経てますます注視されるドゥルーズ。哲学史的な文脈と思想的変遷を踏まえ、その豊かなイマージュと論理を読む。来るべき思想の羅針盤となる一冊。

1229
アレント入門
中山元
生涯、全体主義に対峙し、悪を考察した思想家ハンナ・アレント。その思索の本質を『全体主義の起原』『イェルサレムのアイヒマン』などの主著を通して解き明かす。

ちくま新書

1416 ハンナ・アーレント ——屹立する思考の全貌 森分大輔

激動の現代史において全体主義や悪と対峙し続けたユダヤ人思想家・アーレント。その思索の全貌を、哲学・政治・思想の各視点から七つの主著を精読し明らかにする。

1772 キェルケゴール ——生の苦悩に向き合う哲学 鈴木祐丞

生きることに苦しみ、孤独と憂愁の淵で深くへりくだる懺悔者キェルケゴール。直向きな信仰と思索のあいだに立ち上がった〈実存哲学〉という企ての全体像に迫る。

482 哲学マップ 貫成人

難解かつ広大な「哲学」の世界に踏み込むにはどうしても地図が必要だ。各思想のエッセンスと思想間のつながりを押さえて古今東西の思索を鮮やかに一望する。

545 哲学思考トレーニング 伊勢田哲治

哲学って素人には役立たず？　否、そこは使える知のツールの宝庫。屁理屈や権威にだまされず、筋の通った思考を自分の頭で一段ずつ積み上げてゆく技法を完全伝授！

666 高校生のための哲学入門 長谷川宏

どんなふうにして私たちの社会はここまできたのか。「知」の在り処はどこか。ヘーゲルの翻訳で知られる著者が、自身の思考の軌跡を踏まえて書き下ろす待望の書。

695 哲学の誤読 ——入試現代文で哲学する！ 入不二基義

哲学の文章を、答えを安易に求めるのではなく、思考の対話を重ねるように読み解いてみよう。入試問題の哲学文を「誤読」に着目しながら精読するユニークな入門書。

832 わかりやすいはわかりにくい？ ——臨床哲学講座 鷲田清一

人はなぜわかりやすい論理に流され、思い通りにゆかず苛立つのか——常識とは異なる角度から哲学的に物事を見る方法をレッスンし、自らの言葉で考える力を養う。

ちくま新書

907 正義論の名著
中山元
古代から現代まで「正義」は思想史上最大のテーマのひとつでありつづけている。プラトンからサンデルに至る主要な思想のエッセンスを網羅し今日の課題に応える。

944 分析哲学講義
青山拓央
現代哲学の全領域に浸透した「分析哲学」。言語のはたらきの分析を通じて世界の仕組みを解き明かすその手法は切れ味抜群だ。哲学史上の優れた議論を素材に説く！

964 科学哲学講義
森田邦久
科学的知識の確実性が問われている今こそ、科学の正しさを支えるものは何かを、根源から問い直さねばならない！ 気鋭の若手研究者による科学哲学入門書の決定版。

967 功利主義入門 ――はじめての倫理学
児玉聡
「よりよい生き方のために常識やルールをきちんと考えなおす」技術としての倫理学において「功利主義」は最有力のツールである。自分で考える人のための入門書。

1076 感情とは何か ――プラトンからアーレントまで
清水真木
「感情」の本質とは何か？ 感情をめぐる哲学的言説の系譜を整理し、それぞれの細部を精神史の文脈に置きなおす。哲学史の新たな読みを果敢に試みる感情の存在論。

1103 反〈絆〉論
中島義道
東日本大震災後、列島中がなびいた〈絆〉という価値観。だがそこには暴力が潜んでいる？ 〈絆〉からの自由は認められないのか。哲学にしかできない領域で考える。

1119 近代政治哲学 ――自然・主権・行政
國分功一郎
今日の政治体制は、近代政治哲学が構想したものだ。ならば、その基本概念を検討することで、いまの民主主義体制が抱える欠点も把握できるはず！ 渾身の書き下し。

ちくま新書

1671
思想史講義【明治篇Ⅰ】
山口輝臣編
福家崇洋編
文明開化の実態はいかなるものだったのか。富国強兵は本当に言われていたのか。最新の研究成果により明治前半の諸思想を徹底検証。従来の明治時代像を刷新する。

1672
思想史講義【明治篇Ⅱ】
山口輝臣編
福家崇洋編
文明化推進と国体の確立を目指した明治日本は、大日本帝国憲法施行後にどう変わったか。明治後期の知的世界を多角的・実証的に描き出し、明治時代像を刷新する。

1673
思想史講義【大正篇】
山口輝臣編
福家崇洋編
明治～戦前昭和の思想史を通覧するシリーズ全4巻の第1回配本。明治以来の「国体」の確立と文明化推進が大正期にいかに変容したかを、実証的・多面的に描き出す。

1674
思想史講義【戦前昭和篇】
山口輝臣編
福家崇洋編
なぜ昭和の日本は戦争へと向かったのか。社会や政治の変革を志向する人々と、それに対抗する人々とのせめぎ合いで生まれた諸思想を、最新研究に基づき解明する。

1688
社会主義前夜
――サン＝シモン、オーウェン、フーリエ
中嶋洋平
格差によって分断された社会を、どのように建て直していくべきなのか。革命の焼け跡で生まれた、〝空想的〟でも〝社会主義〟でもない三者の思想と行動を描く。

1745
福沢諭吉 変貌する肖像
――文明の先導者から文化人の象徴へ
小川原正道
福沢の思想は毀誉褒貶にさらされてきた。その世論の動向を見ていけば日本近現代史が見えてくる。福沢評価の変遷の系譜をたどり、福沢の実像を浮かび上がらせる。

1658
愛国の起源
――パトリオティズムはなぜ保守思想となったのか
将基面貴巳
フランス革命の反体制思想は、いかにして保守の「愛国」思想を生んだのか？　古代ローマにおける起源から明治日本での受容まで、その思想的変遷を解き明かす。

ちくま新書

1183
現代思想史入門
船木亨
ポストモダン思想は、何を問題にしてきたのか。生命、精神、歴史、情報、暴力の五つの層で現代思想をとらえなおし、混迷する時代の思想的課題を浮き彫りにする。

1334
現代思想講義
――人間の終焉と近未来社会のゆくえ
船木亨
自由な個人から群れ社会へ。その転換を6つの領域――人間・国家・意識・政治・道徳・思考――で考察。AI化やポピュリズムで揺れ動く人類文明の行く末を探る。

1506
死の病いと生の哲学
船木亨
人は死への恐怖に直面して初めて根源的に懐疑するようになる。哲学者が自らガンを患った経験を通じて、生と死、人間存在や社会のあり方について深く問いなおす。

1768
人が人を罰するということ
――自由と責任の哲学入門
山口尚
人間は自由意志をもつのか。私たちが互いを責めたり罰することに意味はあるか。刑罰や責任をめぐって〈人間として生きること〉を根底から問う哲学的探究。

1409
不道徳的倫理学講義
――人生にとって運とは何か
古田徹也
私たちの人生を大きく左右するにもかかわらず、倫理学では無視されがちな「運」をめぐる是非。それらの議論を古代から現代までたどり、人間の生の在り方を探る。

1753
道徳的に考えるとはどういうことか
大谷弘
「正しさ」はいかにして導かれるか。非主流派倫理学の立場からプラトン、ウィトゲンシュタイン、槇原敬之らの実践を検討し、道徳的思考の内奥に迫る哲学的探究。

1742
創造性はどこからやってくるか
――天然表現の世界
郡司ペギオ幸夫
考えもしなかったアイデアを思いつく。急に何かが降りてくる――。そのとき人間の中で何が起こっているのか。まだ見ぬ世界の〈外部〉を召喚するためのレッスン。